Ina Brendel-Perpina

Materialien & Kopiervorlagen zu

Katherine Scholes
Sams Wal

Hase und Igel®

Inhalt

Danksagung der Autorin
Für die Unterstützung bei der Erstellung des vorliegenden Materials möchte ich dem Illustrator Quint Buchholz für die freundliche Beantwortung der Interviewfragen danken, meiner Kollegin Dr. Claudia Kupfer-Schreiner für die konstruktive Lektüre des Manuskripts sowie meiner Tochter Felicia, die in der Bücherei Material gesichtet und ihre Schülerbeiträge zur Verfügung gestellt hat.

www.hase-und-igel.de
Lektorat: Sandra Hummel-Kuhn, Mareike Dreizner
Satz: Holger Kirsch
Illustrationen: Johann Brandstetter
Druck: Kösel GmbH & Co. KG, Altusried-Krugzell

ISBN 978-3-86760-701-8

Das Buch

Geschichten über Wale und Delfine gehören zum gängigen Repertoire der modernen Kinder- und Jugendliteratur. Nicht viele dieser Werke erreichen die Intensität von Katherine Scholes' „Sams Wal". Der Wal erscheint hier ausschließlich als Wesen in seiner biologischen Eigenart, er übernimmt weder die Rolle des Erzählers noch verfügt er über ein menschenähnliches Bewusstsein. Vielmehr werden Wale von Sam zunächst als Objekte betrachtet, deren Zähne er als Schätze aufbewahrt. Schnell kommt er jedoch zu der Einsicht, dass die gestrandete Kreatur zum Überleben auf menschliche Hilfe angewiesen ist. Indem der Junge sich um die Rettung des hilflosen Wals bemüht, verändert sich seine Einstellung: Er erkennt die Existenzberechtigung des Wals an und nähert sich damit der Vorstellung einer Welt, die sich als Gemeinschaft von Mensch und Tier versteht. Das Thema der Walrettung wird dabei keineswegs zu einer rührenden Tiergeschichte vereinfacht, denn der Meeressäuger steht dem Menschen als fremdes Lebewesen gegenüber. Erst durch die verantwortungsvolle Annäherung entdeckt Sam Gemeinsamkeiten und baut eine Nähe zu dem Tier auf, aus der eine persönlich-emotionale Bindung zu „seinem" Wal entsteht.

Das Ethos der Mitgeschöpflichkeit macht aus „Sams Wal" ein bedeutendes Werk der ökologischen Kinderliteratur. Trotz des informierenden Vorworts der Autorin steht weniger das Ziel im Mittelpunkt, den Wissensstand der Leser bezüglich ökologischer Problembereiche zu erweitern, als vielmehr eine Beschreibung des Einsseins mit der Natur. Die Ästhetik des Textes fördert eine bewusste Wahrnehmung von Stimmungen und Atmosphäre, die sich als Voraussetzung für das Erkennen ökologischer Zusammenhänge (Lindenpütz 2005, S. 737) verstehen lässt. Weglassungen und Andeutungen können den Leser zum Nachdenken über eigene Handlungsweisen anregen und Veränderungen der persönlichen Einstellung anbahnen.

Die sich über einen knappen Tag erstreckende Handlung wird in sieben Kapiteln erzählt. Dabei erhält der Leser Einblicke in Sams Gedankenwelt und Gefühle. Über Sams weitere Lebensumstande erfahrt man hingegen kaum etwas. Das Personal reduziert sich auf wenige Personen: Sam wird der Naturwissenschaftler Angus, seinerseits von der Umwelt als Sonderling wahrgenommen, als erwachsener Mentor an die Seite gestellt. Die Higgs-Brüder geraten als gefährliche Trophäensammler in Konflikt mit Sam, treten nach Angus' Ankunft jedoch den Rückzug an. Zu Sam gehört Lucy, sein Hund, der eine Botschaft überbringen muss und so als Freund des Menschen ebenfalls zur Rettung des Wals beiträgt. Schließlich übernimmt Sams Schwester die Übermittlung der Botschaft an Angus, tritt jedoch nicht näher in Erscheinung. Handlungsort ist ein weitläufiger, einsamer Strand in Australien. Sams Lager im Wald knüpft an den Wildnismythos an und versinnbildlicht damit das Einssein mit der Natur.

Das Buch enthält 16 zum Teil ganzseitige Illustrationen und eine kleine Vignette zu Beginn jeden Kapitels. Die Bilder ähneln Schwarz-Weiß-Fotografien und drücken Ruhe und Melancholie aus. Sie verstärken damit die intensive Stimmung der Lektüre. Die für Buchholz typische realistische Darstellung schafft mit dem Spiel von Licht und Schatten Momentaufnahmen, die wie unterschiedliche Kameraeinstellungen wirken und besondere Perspektiven sichtbar machen. Der Illustrationszyklus zu „Sams Wal" wird im Bilderbuchmuseum Burg Wissem in Troisdorf aufbewahrt.

Die Autorin **Katherine Scholes**, 1954 in Tansania geboren, verbrachte einen Teil ihrer Jugend in England, bevor sie nach Tasmanien zog, wo sie heute mit ihrem Mann und zwei Söhnen lebt. Katherine Scholes schreibt Bücher für Kinder und Erwachsene und produziert Filme. „Sams Wal" wurde 1996 von Ulli und Herbert Günther aus dem Englischen ins Deutsche übersetzt und erhielt mehrere Auszeichnungen. Das Buch stand unter anderem auf der Nominierungsliste für den Deutschen Jugendliteraturpreis. Seit 2010 gibt es „Sams Wal" auch als Hörbuch, das auf der hr2-Hörbuchbestenliste stand.

Quint Buchholz wurde 1957 in Stolberg bei Aachen geboren und wuchs in Stuttgart auf. Er studierte Kunstgeschichte und anschließend Malerei und Grafik an der Kunstakademie München. Er arbeitet seit 1979 als Maler und Illustrator für deutsche und internationale Verlage. Bis heute hat er über dreißig Bücher illustriert, die in mehr als dreißig Ländern erschienen sind und mit zahlreichen Preisen ausgezeichnet wurden. Quint Buchholz lebt mit seiner Frau und seinen drei Kindern in München (*www.quintbuchholz.de*).

Das Material

Didaktische Vorüberlegungen zum Erwerb von Weltwissen durch Literatur

Wenngleich literarische Texte Modelle von Wirklichkeit entwerfen, bei denen nicht die sachliche Richtigkeit, sondern die Sinnhaftigkeit ihrer Aussage zentral ist, stützen sie sich auf das Handlungs- und Sachwissen des Autors (Abraham 2002, S. 9). Bei der Rezeption von Literatur aktiviert der Leser sein eigenes Weltwissen und bringt dieses in die Leerstellen des Textes ein, wobei eine Verknüpfung der unterschiedlichen Wissensbestände erforderlich ist und die Geschichte in den Horizont der Leser gerückt wird. Weltwissen wird also indirekt und beiläufig vermittelt.

Sachwissen erscheint in der erzählenden Literatur als personalisiert und kontextualisiert. Die Lektüre „Sams Wal" entspricht dabei den wesentlichen Bewertungskriterien einer „ökologischen Ästhetik" (Lindenpütz 1999, S. 232): Die realistische Umweltgeschichte beschränkt sich auf die Wahrnehmung des kindlichen Protagonisten, wobei ein repräsentatives, leitmotivisch strukturiertes Ereignis an einem symbolisch bedeutsamen Ort dargestellt wird. Mit der Geschichte der Rettung eines in Australien gestrandeten Zwergpottwals öffnet sich dem Leser auch ein Simulationsraum für vermutlich nie stattfindende Wirklichkeitserfahrung (Abraham 2002, S. 29). Weltwissen kann hier also auch erweitert werden.

Umwelterziehung zählt zu den fächerübergreifenden Bildungs- und Erziehungsaufgaben. Durch das Verständnis einer gemeinsamen Welt sollen die Schüler lernen, mit Natur und Umwelt verantwortungsvoll umzugehen. Um diesem pädagogischen Auftrag gerecht zu werden, müssen Zusammenhänge hergestellt werden, die sich aus den unterschiedlichen Fachperspektiven ergeben und reflexives Lernen ermöglichen. Im Sinne eines selbstständigen Wissenserwerbs sollten im Rahmen der Lektürearbeit die Prinzipien der Anreicherung und der Offenheit wirksam werden (Abraham 2002, S. 51). Hier sind die Bereitstellung unterschiedlicher Medien und Textsorten sowie die Gestaltung einer Lernumgebung gemeint, die sowohl die Sachzusammenhänge als auch ästhetische Aspekte und Fragen der kritischen Bewusstwerdung in den Blick nehmen.

Aufbau des Materials

Für die Erschließung der Lektüre „Sams Wal" bietet sich die Fächerverbindung von Deutsch vor allem mit dem Sachunterricht an, daneben auch mit Ethik, Kunst, Werken und Musik. Solchen Verknüpfungen trägt das vorliegende Material Rechnung. In diesem Zusammenhang wird auch auf relevante außerschulische Lernorte verwiesen.

Das Material eignet sich für den Einsatz ab der 3. Jahrgangsstufe und umfasst einen Lehrerteil und daran anschließende Kopiervorlagen. Der Lehrerteil bietet zu jedem Kapitel die Zusammenfassung, Gesprächs- und Schreibanlässe, Kommentare und Lösungen sowie weitere Anregungen für den Unterricht. Die Gesprächs- und Schreibanlässe sind zum Teil ausgewählte Textstellen, die zum Philosophieren anregen können. Für jedes Kapitel gibt es zunächst Arbeitsblätter, mit denen das Textverständnis der Schüler abgefragt wird und Verständnisfragen geklärt werden. Damit die Kinder Informationen ermitteln und ein globales Verständnis des Textes entwickeln können, werden unterschiedliche Lesestrategien vorgeschlagen. Weitere Kopiervorlagen unterstützen zudem das literarische Lernen: Vielfältige handlungs- und produktionsorientierte Zugänge ermöglichen den Schülern, literarische Sprache bewusst wahrzunehmen, Vorstellungen zu aktivieren und fremde Perspektiven zu übernehmen, um dabei auch eigene Erfahrungen, Einsichten und Gefühle zu reflektieren.

Die Beschäftigung mit den Illustrationen zielt darauf ab, über Bilder zum Lesen zu motivieren, Text-Bild-Zusammenhänge zu begreifen, visuelle Wahrnehmungskompetenzen zu schärfen und Bilder auch als ästhetischen Genuss kennenzulernen. Das Interview mit Quint Buchholz gestattet Einblicke in die Werkentstehung.

Ein kritisches Bewusstsein für das Thema „Natur und Umwelt" setzt neben einer sensibilisierten Wahrnehmung Kenntnisse über die Tierart sowie Einblicke in ökologische Zusammenhänge voraus, die durch ergänzende Sachtexte ausgebaut und differenziert werden. Auszüge aus „Moby Dick" und ein lyrischer Text ermöglichen erkenntnisreiche Textvergleiche. Die Schüler vertiefen mithilfe weiterer Kopiervorlagen ihre Leseerfahrungen, indem sie über die angebotenen Texte hinaus selbstständig Informationen, Bilder, Töne und Filme über Wale und deren Lebensraum recherchieren und lernen, ihre Arbeitsergebnisse zu präsentieren.

Die kommentierten Literaturhinweise erleichtern die Auswahl von geeigneten Kindersachbüchern und Internetseiten.

Eine Symbolleiste am oberen Rand der Kopiervorlagen verweist jeweils auf die wesentlichen Schüleraktivitäten:

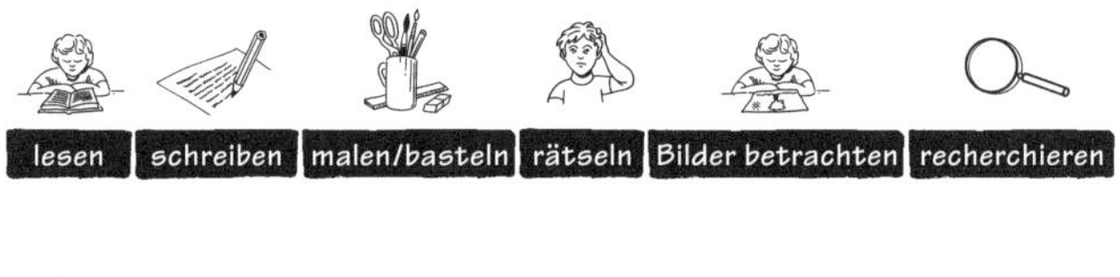

Vor der Lektüre

Der Einstieg in die Lektüre kann durch eine Bildbetrachtung erfolgen. Im Mittelpunkt stehen die Illustrationen von Seite 6 und Seite 13. Beide Bilder wecken Gefühle: Auf dem ersten ist ein Wal zu sehen, der ruhig durch die Tiefen des Meeres zu gleiten scheint. Die Leere des Hintergrunds lenkt den Blick auf das Tier und erzeugt eine geheimnisvolle Stimmung. Das zweite Bild, das den gestrandeten Wal und einen vor ihm im Sand sitzenden Jungen zeigt, berührt den Betrachter durch den leidenden Ausdruck des Wals. Die Vogelperspektive verstärkt die dargestellte Hilflosigkeit sowohl des Tieres als auch des Jungen. Die Betrachtung der Bilder ermöglicht einen emotionalen Zugang, der die unterschiedlichen Assoziationen der Schüler berücksichtigt und eine individuelle thematische Annäherung schafft. Die Auseinandersetzung mit den Illustrationen kann zum personalen Schreiben anregen: Teilen Sie die Klasse in zwei Gruppen ein. Jede Gruppe betrachtet nur eines der beiden Bilder, jeder Schüler für sich. In einem ersten Schritt sollen die Kinder in Worte fassen, welche Vorstellungen und Empfindungen das Bild in ihnen weckt. Mit ihrer Gruppe tauschen sie sich dann über ihre ersten Eindrücke aus. Diese Vorgehensweise gestattet es, die eigenen Vorstellungen zu erweitern bzw. bestätigt zu finden. Während dieser Zeit sollen die Schüler das Bild der anderen Gruppe noch nicht sehen. Im nächsten Schritt werden die Eindrücke zu einem Text verarbeitet. Während der mündliche Arbeitsauftrag nicht an einen Adressaten gerichtet war, sondern sich auf die eigene Wahrnehmung konzentrierte, wird nun der Adressatenbezug bedeutsam, da die Bilder mithilfe der Texte den Mitschülern vorgestellt werden.

Die Situation des Wals wird ins Bewusstsein der Schüler gerückt und weckt Interesse für den Handlungsverlauf.

Speziell vor der Lektüre des 1. Kapitels kann eine Fantasiereise, z. B. ein morgendlicher Spaziergang an einem einsamen Strand, die Kinder konkret auf das Buch einstimmen.

Weiterführende Anregungen

- Die Schüler stellen Thesen auf, was zwischen den beiden Bildern wohl passiert ist.
- Die Schüler lesen den Text auf der Rückseite des Buches und beziehen diesen auf die beiden Illustrationen.
- Die beiden Illustrationen werden mit dem Coverbild verglichen.

Vorbemerkung der Autorin

Inhalt

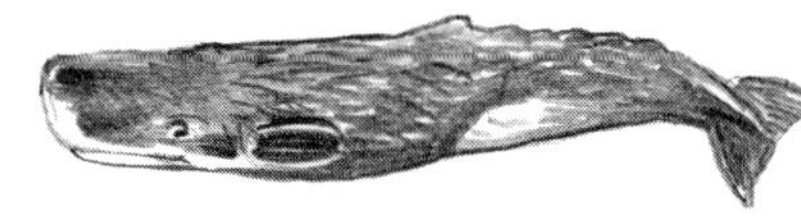

In der kurzen Vorbemerkung nennt die Autorin jeweils Größe und Gewicht des Pottwals und des Großen Schwertwals, um anschließend auf den in der Geschichte vorkommenden Zwergpottwal näher einzugehen.

Gesprächsanlass

In der Lektüre findest du eine Vorbemerkung von Katherine Scholes.

- Warum verfasst die Autorin eine Vorbemerkung, bevor sie die Geschichte erzählt?
- Woher könnte sie die genannten Informationen haben?
- Wie gehst du vor, wenn du dich informieren willst?

Hinweise zu den Kopiervorlagen

KV Seite 20/21

Wissen über Wale

Bevor die Schüler mit der Lektüre beginnen, können sie ihr Vorwissen zum Thema „Wale" aktivieren und ordnen. Sie notieren dazu ihre Fragen und Antworten auf Klebezettel. Diese werden im Klassenzimmer auf ein Plakat geheftet. Darauf kann im Laufe der Lektürearbeit zurückgegriffen werden. Die Fragen werden nach Möglichkeit beantwortet.

Die Schüler ordnen anhand des einleitenden Textes der Autorin die Informationen sachlich richtig zu. Das Leseverständnis wird geschult. Die Größe und das Gewicht eines Wals ist für Kinder nur schwer vorstellbar. Anhand der zugeordneten Größen wird bereits eine Einteilung deutlich. Indem die Schüler anschließend die Länge der drei Walarten bildhaft umsetzen, stellen sie die Größenverhältnisse auf eine weitere Art dar. Das Arbeiten mit Balkendiagrammen sollte bereits bekannt sein oder vorab gemeinsam besprochen werden.

Auf der zweiten Vorlage werden die verschiedenen Bezugsgrößen zum Gewicht gegenübergestellt. Die Angaben hierzu sind mittlere Werte, da es einen Unterschied zwischen weiblichen und männlichen Tieren gibt. Für den Delfin wurden die Daten des Großen Tümmlers zugrundegelegt. Das Gewicht des Zwergpottwals wird bildhaft dargestellt. Durch den handelnden Umgang mit den abstrakten Maßen fällt es den Schülern leichter, sich die Größenverhältnisse zu merken.

Stellen Sie bei der letzten Aufgabe für das Stoppen der Zeit Uhren mit Sekundenanzeige zur Verfügung, am besten Stoppuhren aus der Turnhalle.

Lösung Seite 20
Aufgabe 1:

Großer Pottwal	Großer Schwertwal	Zwergpottwal
15 Meter	8 Meter	3 Meter
36 Tonnen	7 Tonnen	10 Zentner/500 kg

Lösung Seite 21
Aufgabe 1:
[3] Elefant 3,5 t [6] Mensch 65 kg [1] Blauwal 130 t
[2] Pottwal 30 t [5] Delfin 250 kg [4] Kuh 650 kg

Aufgabe 2:
500 kg : 65 kg ≈ 8 Menschen

Aufgabe 3:
Der Pottwal kann etwa 60 Minuten tauchen. Die Schüler malen die gesamte Uhr an.
Ein Mensch kann etwa 2 Minuten tauchen oder die Luft anhalten. Die Schüler malen an, wie lange sie die Luft anhalten konnten. Das ist aufgrund der Darstellungsweise nicht exakt möglich. Der Unterschied zum Pottwal soll deutlich werden.

Weiterführende Anregung
Die Schüler suchen im Internet oder in Sachbüchern Bilder eines Zwergpottwals. Sie gestalten damit an der Tafel eine Ausstellung. Beim Betrachten können sie sich über Gemeinsamkeiten und Unterschiede der Bilder austauschen.

1. Kapitel (Seite 8–15)

Inhalt

Sam geht am Morgen mit seinem Hund Lucy am Strand spazieren und entdeckt dort einen gestrandeten Wal. Er hält ihn zuerst für tot. Fasziniert betrachtet er das Tier und dessen Gebiss. Durch das röchelnde Atemloch aufgeschreckt, bemerkt Sam zu spät, wie sich die Schwanzflosse hinter ihm hebt. Als diese gegen seinen Rücken prallt, stürzt Sam zu Boden. Doch er spürt auch die Angst des Wals und erkennt die aussichtslose Situation, in der sich das Tier befindet. Daher lässt er Wasser über den Walkörper laufen und versucht, diesen mit nassem Seetang vor der Sonne zu schützen.

Gesprächs- und Schreibanlass

Der Wal, ein geheimnisvolles Wesen:
- „Diese Zähne, stellte Sam sich vor, die würden den Tintenfischen Angst einjagen tief unten im dunklen Meer.“ (S. 13)
- „[Sam] sah in das große ruhige Auge. Es war ein dunkles, geheimnisvolles Auge.“ (S. 13 f.)

Hinweise zu den Kopiervorlagen

KV Seite 22

Genau gelesen? – 1. Kapitel
Die Schüler entnehmen dem Text grundlegende Informationen und überprüfen ihr Wissen. Da oft mehrere Angaben richtig sind, ist die Aufgabe anspruchsvoller. Leseschwächere Kinder arbeiten zu zweit zusammen. Lesestarke Kinder versuchen, die Fragen ohne Nachsehen im Buch zu beantworten. Sie können ihre Antworten auch in eigenen Worten formulieren. Legen Sie hierfür das Arbeitsblatt ohne Antwortmöglichkeiten vor.

Lösung
1. Zu welcher Tageszeit geht Sam an den Strand?
☒ am Morgen **Z**
☐ am Nachmittag
☐ am Abend

2. Wie nennt man vom Meer angeschwemmte Gegenstände?
☐ Flut
☒ Treibgut **W**
☐ Treibstoff

3. Woran erinnert Sam der dunkle Hügel am Strand von Weitem?
☒ an tote Körper von großen Meerestieren **E**
☐ an ein Schiffswrack
☒ an einen Haufen Netze **R**

4. Womit vergleicht Sam das Aussehen des gestrandeten Wals?
☒ mit einem Delfin **G**
☐ mit einem Felsen
☒ mit einem Haifisch **P**

5. Was interessiert Sam zuerst besonders?
☐ die Flossen des Wals
☒ das Gebiss des Wals **O**
☐ eine sichtbare Verletzung des Tieres

6. Wie sehen die Zähne des Wals aus?
☒ Sie sind spitz. **T**
☐ Sie sind rosa.
☒ Sie sind nach innen gebogen. **T**

7. Warum erschrickt Sam?
☐ weil der Wal sich bewegt
☐ weil der Wal tot ist
☒ weil der Wal Luft ausstößt **W**

8. Wie versucht Sam, den Wal vor der Sonne zu schützen?
☒ Er gießt Wasser über ihn. **A**
☒ Er bedeckt ihn mit Seetang. **L**
☐ Er legt sein T-Shirt über ihn.

Die Lösung lautet: ZWERGPOTTWAL.

KV Seite 23

Die erste Begegnung

Im Text wird beschrieben, wie Sam bei der Begegnung mit dem Wal die verschiedenen Eindrücke wahrnimmt: sehend, hörend und fühlend. Durch diese differenzierte Darstellung seiner Wahrnehmung wird die literarische Form der Innensicht verstärkt. Die Schüler schlüsseln die Sinneseindrücke auf und erkennen, dass sie alle aus Sams Sicht wiedergegeben werden. Der Leser nimmt also die Perspektive des Jungen ein.

Lösung

Aufgabe 1:

 sehen

 hören

 riechen

 fühlen/spüren

 schmecken

Aufgabe 2:

z. B.

Wie nimmt Sam etwas wahr? (Sinneseindruck)	Was nimmt er wahr? (Gegenstand, Geräusch, Gefühl ...)
sehen	Schwanz, kleine Rückenflosse, schräg abgeflachter Kopf, Schimmern der dunklen Haut in der Sonne, offen stehendes Maul, rosa Unterkiefer mit weißen Zähnen, Wassertropfen auf der Haut, Zucken der Flosse
hören	Stille, heiseres Röcheln
fühlen	Flosse wie Gummi, Herzrasen vor Angst, Schlag in den Rücken, vom Sand aufgeriebene Wange, vom Salzwasser brennende Kehle, Nässe am Körper

Aufgabe 3:

z. B. Dadurch soll deutlich werden, wie intensiv Sam diese Begegnung wahrnimmt. Indem seine Wahrnehmung so genau beschrieben wird, kann sich der Leser in Sam hineinversetzen.

Weiterführende Anregung

Die Schüler versetzen sich in Sams Lage und beschreiben die beiden Sinneseindrücke „riechen" und „schmecken" näher. Indem sie Sams Perspektive nachvollziehen und sich vorstellen, wie es am Meer beispielsweise riecht, fördern sie ihre Vorstellungskraft. Sie erzählen davon.

KV Seite 24

Ein besonderes Lebewesen

Die Schüler ermitteln in der Lektüre Informationen zum Körperbau des Zwergpottwals. Ergänzt durch den Sachtext ist es den Schülern möglich, die Informationen zu verarbeiten und den Wal richtig zu beschriften. Lassen Sie abschließend schwierige Fachbegriffe nochmals mündlich von den Kindern erklären.

Lösung

Aufgabe 1:

Schwanz, Zahnreihe, ~~Bauchnabel~~, Rückenflosse, Atemloch, ~~Fell~~, glatte, dunkle Haut, großes Auge, ~~Schuppen~~, abgeflachter Kopf, ~~Ohren~~, Maul, bleicher Bauch, rosa Unterkiefer, ~~Zehen~~, glatter Rücken

Aufgabe 2:

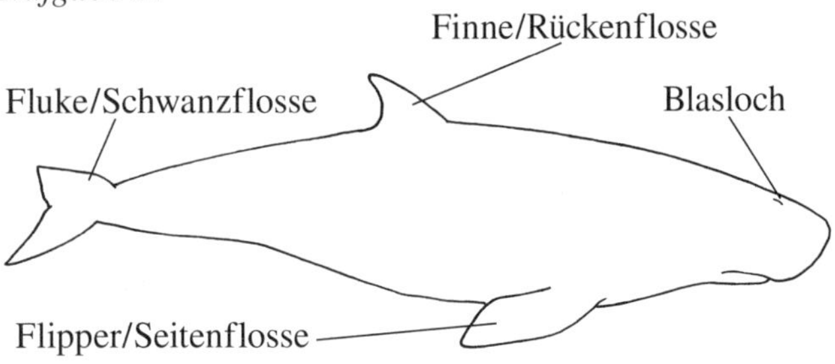

Weiterführende Anregungen

- Die Schüler gestalten und präsentieren ein Informationsplakat, mit dem sie das Aussehen des Zwergpottwals näher beschreiben. Dabei können sie gegebenenfalls auf die Bilder zurückgreifen, die sie bereits zusammengetragen haben. Geschult wird das sachorientierte Sprechen.
- Interessierte Schüler können weitere Meeressäugetiere in Kurzreferaten vorstellen, z. B. Robben, Seehunde, Walrosse.
- Führen Sie einen Ausflug in ein Naturkundemuseum durch, in dem Walskelette oder Walknochen ausgestellt werden (siehe *www.cetacea.de/museum/orte.php*). Im Sinne des projektorientierten Arbeitens kann die Klasse vorab Vorschläge zur Planung und Durchführung formulieren.

KV Seite 25 **Der Wal – so groß wie …**

Auf dieser Kopiervorlage geht es um die Bildhaftigkeit von Sprache. An zahlreichen Stellen verwendet die Autorin Vergleiche, mit denen sie den Wal beschreibt und die gleichzeitig eine assoziative Wirkung entfalten. Die Schüler lernen den Vergleich anhand eines Textauszugs als Stilmittel kennen und wenden ihn selbst an, indem sie die passenden Satzteile zuordnen.

Bei der letzten Schreibaufgabe spielen die Schüler mit Sprache. Sie verwenden passende und unpassende Vergleiche. Wer findet den lustigsten, treffendsten, übertriebensten oder verrücktesten Vergleich?

Lösung

Aufgabe 1:

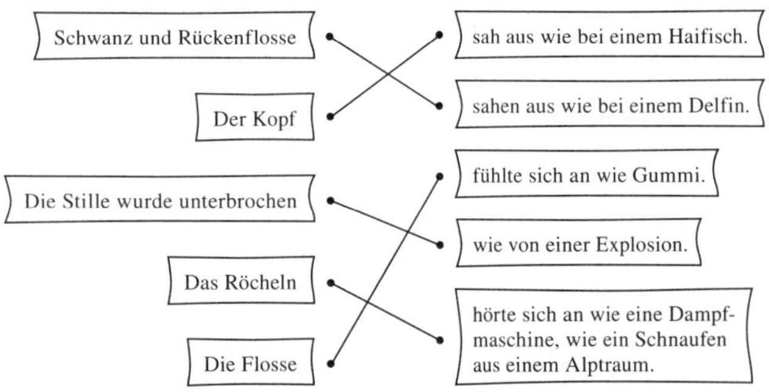

Aufgabe 2:

z. B. Er rannte so schnell wie ein Rennpferd. Die Sonne brannte so heiß wie ein Backofen. Die Hitze erschien ihm, als ob zwei Sonnen scheinen würden. Er machte ein Gesicht, als ob er gleich weinen müsste. Seine Stimme hörte sich an wie das Brummen eines Bären. Die Sandkörner stachen wie feine Nadeln in seine Fußsohlen. Er fühlte sich so hilflos wie ein Baby.

Aufgabe 3:

z. B. Eine Katze ist so groß wie eine Schildkröte. Allerdings kann sie schneller laufen. Sie kann mit ihrem Schwanz so gut paddeln wie ein Biber. Aber Wasser mag sie eigentlich nicht so gern. Ihr Fell leuchtet wie bei einem Papagei in den buntesten Farben.

Weiterführende Anregung

Die Schüler können weitere Vergleiche in der Lektüre suchen: „Das Meer lag spiegelglatt und still – als ruhe es sich aus nach der stürmischen Nacht." (S. 9), „Sein eigentümliches Luftholen […] hörte sich immer mehr an wie ein hilfloses Keuchen." (S. 16/17), „[…] der Wirbelknochen eines Wals, so groß wie ein Fußschemel […]" (S. 22), „Wie ein Denkmal eines altertümlichen Kriegers mit seinem gestürzten Pferd, so stand er erhobenen Hauptes hinter seinem Wal." (S. 34), „Der Hund sah aus wie ein dunkler Schatten gegen den hellen Himmel." (S. 41), „Sie schleuderten den Sand hinter sich wie Hunde beim Löcherbuddeln." (S. 52)

KV Seite 26 **Zahnwale und Bartenwale**

Der Informationstext vermittelt den Schülern sachliches Wissen zu den zwei Walarten Zahnwal und Bartenwal. Durch das Malen der Zähne oder Barten setzen sie bildhaft um, was sie im Text gelesen haben.

Vertiefend können die Schüler recherchieren und einen Vortrag erstellen. Verschiedene Themen bieten sich an, die die Kinder vorab selbst festlegen können, z. B. die verschiedenen Wale, ihre Nahrung, Fortpflanzung, Verbreitungsgebiete, Besonderheiten, aber auch „Rekorde" unter den Walen wie Größe, Schnelligkeit, Länge der Tauchgänge usw. Am Ende sollte jeweils eine kleine Präsentation stehen, mit der wichtige Inhalte erklärt und visualisiert werden.

Folgende Internetseiten bieten sich für die Recherche an:

www.geo.de/GEOlino/natur
www.kindernetz.de
www.primolo.de
www.wdcs.org

Lösung

Aufgabe 1:

Wale werden in Zahnwale und Bartenwale eingeteilt. Bartenwale haben keine Zähne, sondern lange, biegsame Bartenplatten. Sie hängen vom Oberkiefer herab und funktionieren bei der Nahrungsaufnahme wie ein Sieb. Bartenwale nehmen mit einem Schluck bis zu 100.000 Liter Wasser auf. Darin befinden sich winzige Krebse, Schnecken, Würmer, aber auch kleine Fische. Wenn der Wal das Wasser aus dem Maul herausdrückt, bleiben sie an den Barten hängen. Der größte Bartenwal ist der Blauwal. Zahnwale brauchen ihre Zähne zum Jagen. Sie fressen größere Tiere wie Fische und Kraken. Zahnwale senden laute Klicklaute aus, die von den Beutetieren im Wasser als Echo zurückgeworfen werden. So können sie die Art und Entfernung ihrer Beute feststellen. Das nennt man Echoortung. Der größte Zahnwal ist der Pottwal. Er ist der beste Taucher unter den Walen. Für seine Lieblingsbeute taucht er bis in tausend Meter Tiefe und mehr.

Aufgabe 2:

Blauwal

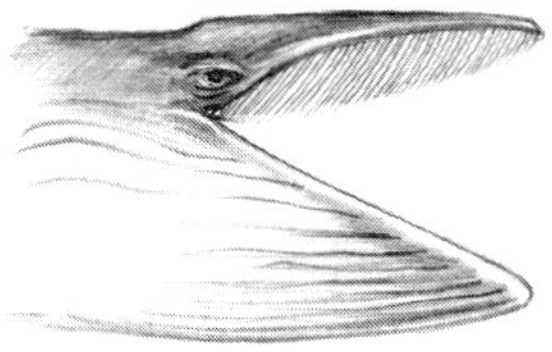

Pottwal

Weiterführende Anregung

Knüpfen Sie Kontakt zu einem Experten für Meere, Wale und Delfine. Vielleicht bietet es sich an, diesen in die Klasse einzuladen. Ebenso können die Schüler Interviews vorbereiten und diese per Mail durchführen. Ansprechpartner finden Sie beispielsweise bei der Whale and Dolphin Conservation Society (*www.wdcs-de.org*).

2. Kapitel (Seite 16–23)

Inhalt

Sam überlegt, ob sich der Wal mit der Flut zurück ins Meer heben lässt. Er möchte dem Wal helfen, doch er weiß, dass er dafür Unterstützung braucht. Wegen des Markttags ist jedoch kein Erwachsener zu erreichen. Da fällt Sam der Naturwissenschaftler Gus ein. Der Junge verlässt den Wal, um in seinem nahe gelegenen Waldlager eine Nachricht auf ein Stück Rinde zu schreiben. Er bindet sie mit einem Stoffstreifen seines Hemdes an das Halsband seines Hundes. Lucy erhält den Befehl, die Nachricht nach Hause zu Sams Schwester Emma zu bringen.

Gesprächs- und Schreibanlässe

Die Atmosphäre des Handlungsortes erfassen:

- „Sam runzelte die Stirn, und seine Augen suchten angespannt den einsamen Strand ab. Keine Menschenseele weit und breit.“ (S. 16) Wie stellst du dir die Gegend vor?

Über das Wesen der Tiere philosophieren:

- „Das tiefe, traurige Auge. Sam wünschte sich, bis auf den Grund dieses Auges sehen zu können. Da musste die Seele verborgen sein.“ (S. 17)

Über Haustiere sprechen: Hundeerziehung

- „‚Los, geh! Nach Hause!‘ Der Hund sah ihn mit bettelndem Blick an und wedelte mit dem Schwanz. Vielleicht hielt er es für ein Spiel.“ (S. 23) Denkst du, dass ein Hund versteht, was ein Mensch zu ihm sagt?

Die Gezeiten kennen: Ebbe und Flut

- Hast du Ebbe und Flut schon einmal erlebt? Erzähle.

Hinweise zu den Kopiervorlagen

KV Seite 27 **Hilfe!**

Diese Kopiervorlage regt dazu an, die Perspektive zu wechseln und sich in Sams Lage zu versetzen. Was kann Sam tun? Die Schüler lesen das 2. Kapitel bis Seite 20 und antizipieren den weiteren Handlungsverlauf. Die genaue Betrachtung der ganzseitigen Illustration auf Seite 21 animiert sie dazu, selbst eine Nachricht zu verfassen. Was schreibt Sam wohl auf das Rindenstück? Was würden die Schüler aufschreiben?

Das Überleben des Wals ist davon abhängig, ob Lucy ihren Auftrag ausführt oder nicht. Hat Sam eine Chance, den Wal allein zu retten?

Nach der Lektüre des gesamten Kapitels können die Schüler gegebenenfalls von Erlebnissen mit ihrem eigenen Hund erzählen. Sie informieren die Klasse über Möglichkeiten und Probleme der Hundeerziehung. Die Kinder diskutieren darüber, ob Lucy den Befehl wohl ausführen wird. Dabei vergegenwärtigen sie sich ihren eigenen Standpunkt und setzen sich mit den Einschätzungen anderer auseinander. Die Schüler üben die Regeln der Kommunikation, z. B. sich verständlich auszudrücken und sich gegenseitig zuzuhören.

Weiterführende Anregungen

- Die Schüler können eine Liste mit Fragen zur Bildinterpretation erstellen, z. B.: Wer/was wird abgebildet? Was tut die Figur gerade? Worauf fällt der Blick beim Betrachten zuerst? Was befindet sich in der Bildmitte, was am Rand? Welchen Blickwinkel wählt der Illustrator? Wie wirkt das Bild?
- Anhand der Bildbetrachtung lassen sich visuelle Kompetenzen schulen:
  - die Illustration als Ergänzung und Interpretation des Textes verstehen,
  - das Spiel von Licht und Schatten wahrnehmen und beschreiben.
- Greifen Sie das Thema „Sammelleidenschaft“ aus der Lektüre auf (S. 22). Fast jedes Kind sammelt Dinge aus der Natur oder kleinere Alltagsgegenstände. Welche Schätze haben die Kinder zu Hause? Wo bewahren sie diese auf? Wer kennt diese Schätze?
- Besprechen Sie mit den Kindern, wie man sich in einer Notsituation richtig verhält. Wie hole ich Hilfe? Klären Sie die W-Fragen und das richtige Verhalten: Wer ruft an? Was ist passiert? Wo ist etwas passiert? Wie viele Menschen sind beteiligt oder verletzt? Warte auf weitere Anweisungen!

KV Seite 28

Sams Lager

Die Aufgabe leitet zum genauen Lesen an, da einzelne Details des Lagers zu ermitteln sind. Im Anschluss an die Bildbetrachtung malen die Schüler anhand der Textinformationen ein Bild von Sams Lager.

Lösung

Aufgabe 1:

Die Umgebung des Lagers: hinter einer Düne, über einen engen Pfad erreichbar, versteckt auf einer kleinen, hellen Lichtung inmitten eines dichten Waldes

Das Lager von außen: Wände und Dach bestehen aus alten Treibholzbrettern, vom Meerwasser zerfressen, von der Sonne ausgebleicht, sind an einen Granitfelsen gestellt, zusammengebunden und -genagelt

Die Schätze im Inneren: verknotete Seile, Bojen, Netze, Hölzer, ein zerbrochener Stuhl, ein Wirbelknochen und eine Rippe eines Wals, Walzähne

Weiterführende Anregung

Neben dem speziellen Ort des Waldlagers kann auch der größere Handlungsort der Geschichte, Australien, in das Blickfeld der Schüler gerückt werden. Texthinweise finden sich am Anfang des 2. Kapitels. Der dort erwähnte Name Tasmanien kann als Ausgangspunkt einer Recherche über das Land genommen werden. Die Schüler suchen nach Informationen, die ihnen helfen, sich Sams Lebensumfeld und sein Herkunftsland besser vorstellen zu können. Verschiedene Internetseiten bieten kindgerechte Informationen (z. B. *www.die-geobine.de*).

KV Seite 29

Genau gelesen? – 2. Kapitel

Anhand dieser Kopiervorlage überprüfen die Schüler ihr Textverständnis. Setzen Sie das Arbeitsblatt abschließend zum 2. Kapitel ein, da die vorausgehenden Aufgaben zur Antizipation sonst nicht möglich sind. Mithilfe der Textstreifen rekonstruieren die Schüler den Handlungsverlauf des 2. Kapitels.

Lösung

z. B. Sam braucht Hilfe
Sam lässt seinen Blick über den Strand und das Meer schweifen.
Wegen der Hitze gießt Sam Wasser in das Maul des Wals.
Sam hört ein Geräusch und entdeckt seinen Hund.
Sam denkt an Gus, der ihm helfen könnte.
Sam beschließt, dass Lucy Hilfe holen muss.
Der Junge läuft mit seinem Hund zum Lager im Wald.
Im Lager findet Sam einen Bleistift und schreibt eine Nachricht auf.
Sam schickt den Hund nach Hause.
Lucy macht sich auf den Weg nach Hause.

3. Kapitel (Seite 24–31)

Inhalt

Sam kehrt an den Strand zurück. Aus dem Lager hat er Pfähle und ein altes Segeltuch mitgenommen, um ein schützendes Schattendach über dem Wal zu errichten. Er setzt sich in den Sand, um zu warten. Als er sich mit dem Rücken gegen den Walkörper lehnt, kann er den Herzschlag des Wals spüren und fühlt eine tiefe Verbundenheit mit dem Tier. Ein näher kommendes Fischerboot versetzt Sam in Unruhe, denn er erkennt darin die Higgs-Brüder, die begeisterte Sammler von Walzähnen sind. Um nicht auf den Wal aufmerksam zu machen, reißt Sam das Schutzdach ein. Die Brüder entdecken den Wal dennoch.

Gesprächs- und Schreibanlass

Über die Gemeinschaft von Mensch und Tier nachdenken:

- „Mein Wal, dachte er. Mein Wal. Mein Wal." (S. 28) Sam redet öfter mit dem Wal. Was sagt er zu ihm? Warum macht er das wohl?

Hinweise zu den Kopiervorlagen

KV Seite 30 **Genau gelesen? – 3. Kapitel**
Die Schüler überprüfen ihr Textverständnis anhand von Fragen. Die Rätselform weckt Interesse, das Lösungswort dient der Selbstkontrolle. Vertiefend wird das Wissen über Wale überprüft und das Verständnis für Wale gefördert, indem die Schüler die Gefahren für das Tier am Strand einschätzen müssen.

Lösung
Aufgabe 1:

						2.	W	A	S	S	E	R			
					3.	M	Ö	W	E	N					
						8.	A	N	G	E	B	E	R		
				5.	R	Ü	C	K	E	N					
9.	S	C	H	W	A	N	Z	F	L	O	S	S	E		
					1.	F	L	U	T						
				4.	K	Ä	N	G	U	R	U	S			
			6.	H	E	R	Z	S	C	H	L	A	G		
				7.	F	I	S	C	H	E	R	B	O	O	T

Lösung: Sam schützt den Wal mit einem SEGELTUCH.

Aufgabe 2:
Er verlernt zu schwimmen. <u>Die Möwen picken seine Augen aus.</u> <u>Er verhungert am Strand.</u> Der Wal erfriert. <u>Die Sonne verbrennt seine Haut.</u> <u>Die Higgs-Brüder wollen ihn töten.</u> Der Wal wird gefressen.

KV Seite 31 **Veränderte Einstellung**
Die Textinhalte sollen grafisch dargestellt werden. Die Schüler vergleichen anhand von Textstellen Sams Einstellung zum Wal, die sich in den ersten drei Kapiteln zunehmend wandelt. Die Schüler übertragen die Wandlung als Punkte in das Koordinatensystem. Mit folgender Erläuterung können Sie ihnen das Anfertigen der Grafik erleichtern: „Suche auf der waagrechten Linie die Seitenzahl. Lege an diese Stelle eine kleine Münze. Nun bewege die Münze nach oben, um anzuzeigen, wie nahe oder fremd sich Sam dem Wal fühlt. Wenn du die Stelle gefunden hast, mache dort einen dicken Punkt." Die Kinder verbalisieren anschließend den Verlauf der Kurve. Sams Gefühle wechseln zwischen Annäherung und Distanz, am Schluss aber steht seine Bereitschaft, persönliche Verantwortung für den Wal zu übernehmen.

Lösung
Aufgabe 2:

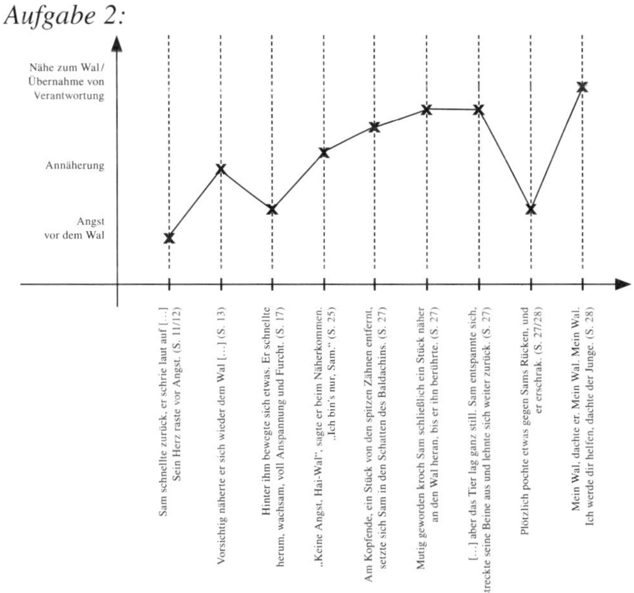

4. Kapitel (Seite 32–40)

Inhalt

Sam nimmt das Näherkommen der Männer als unmittelbare Bedrohung wahr. Als diese vor dem Wal stehen bleiben, stellt er sich ihnen entgegen, um das Tier zu beschützen. Der Anblick von Diggers Buschmesser schüchtert Sam ein, sodass er nervös wird. Die Männer behandeln den Jungen mit Herablassung. Sie versuchen, ihn mit scheinheiligen

Argumenten zu verunsichern, und sehen sich die Zähne des Wals genauer an. Die Lage erscheint ausweglos, doch dann weist Sam auf die bevorstehende Ankunft von Gus hin.

Gesprächs- und Schreibanlass

Das Verhalten der Männer erfassen und bewerten, über Wahrheit, Lüge und Scheinheiligkeit nachdenken:

- „‚Langsam, langsam, alter Junge', sagte Bill gedehnt. ‚Wir wollen ihm doch gar nichts tun.'" (S. 36)
- „‚Wir dachten, er ist tot', fuhr Bill fort. ‚Ist schließlich nichts dagegen zu sagen, wenn man von einem toten Wal die Zähne mitnimmt, oder? Weißt du doch selber, alter Junge, nicht wahr?'" (S. 36)

Hinweise zu den Kopiervorlagen

KV Seite 32

Hörbare Gefahr

Ausgehend von Sam, der hinter dem Wal liegend die Ankunft der Higgs-Brüder hört, sollen die Schüler die Geräusche ihrer Umgebung durch Hörübungen wahrnehmen. Sie tauschen sich anschließend nicht nur über ihre Höreindrücke aus, sondern auch darüber, welche Geräusche sie eher mit positiven oder negativen Assoziationen verbinden.

Die Geräusche im Text erfüllen ebenfalls die Funktion, die Stimmung zu verstärken. Die Schüler bilden anhand der Angaben im Text eine „Geräusche-Kette". Sie erfassen die drohende Gefahr, die Sam in der Ankunft der Männer erkennt.

Die Karten können ausgeschnitten und einzeln bearbeitet werden.

Lösung

Aufgabe 4:

näher kommendes Motorengeräusch → Rufe der Männer → Platschen des Ankers → Klirren der Ankerkette → zu Wasser gelassenes Ruderboot → Sprung der Männer in das Boot → Platschen der Ruderblätter → Kreischen einer Möwe → schwer stampfende Schritte

Weiterführende Anregungen

- Führen Sie weitere Hör-Spiele mit der Klasse durch, z. B. Ohrenmassage, Klangmeditation mit Klangschale, Stille Post, Geräusche-Memory.
- Lassen Sie die Charaktere visualisieren. Dafür malen die Schüler ein Bild von Bill und Digger. Sie können sich dabei auf die Beschreibung der beiden Männer in der Lektüre stützen (S. 34 f.).
- Die folgende Textstelle bietet sich an, von den Schülern als Standbild umgesetzt zu werden: „Wie ein Denkmal eines altertümlichen Kriegers mit seinem gestürzten Pferd, so stand er erhobenen Hauptes hinter seinem Wal." (S. 34) Diese Textstelle beschreibt ausdrucksstark die erste Begegnung zwischen Sam und den beiden Higgs-Brüdern. In Kleingruppen formen die Schüler die Körperhaltung ihrer Mitschüler, um die Situation und deren Botschaft in Form einer Statue zum Ausdruck zu bringen. Das Standbild kann belebt werden, indem andere Schüler die Gedanken der dargestellten Personen formulieren.
- Die Schüler verfassen Rollentexte in der Ich-Form, um sich die Handlungsmotive der Personen zu vergegenwärtigen. Sie vollziehen das Ungleichgewicht zwischen dem Kind und den beiden Erwachsenen nach. Das Gespräch wird anschließend gespielt. Vertiefend kann der Konflikt so verändert werden, dass Sam sich in einer stärkeren Position befindet. Die Schüler suchen nach Möglichkeiten, wie Sams Auftreten stärker und selbstbewusster wirken könnte.

KV Seite 33

Genau gelesen? – 4. Kapitel

Die Schüler wenden ordnende Lesestrategien an. Sie müssen zu den beiden Abschnitten passende Überschriften finden. Wer kann die richtigen Sätze ohne Nachsehen herausfinden? Lesestarke Schüler kontrollieren erst am Ende mit der Lektüre, ob sie richtig angekreuzt haben.

Lösung

Aufgabe 1:

z. B. Abschnitt 1: Die Gefahr, Drohende Gefahr, Die Ankunft der Feinde, Gefahr im Verzug, Wal in Gefahr, Hoffen und Bangen

Abschnitt 2: Die Verteidigung des Wals, Die Auseinandersetzung, Sam wehrt sich, David gegen Goliath

Aufgabe 2:

- ☐ Als das Boot näher kommt, steht Sam sofort auf.
- ☒ Sam versucht, durch seine Haltung und seinen Blick die Männer zu beeindrucken.
- ☒ Er klärt die Männer darüber auf, dass der Wal lebt.
- ☐ Sam bemerkt das Buschmesser an Diggers Gürtel nicht.
- ☐ Sam kann es verhindern, dass die Männer das schützende Segeltuch entfernen.
- ☒ Sam muss zulassen, dass Digger den Wal berührt.
- ☒ Sam kündigt den Männern die Ankunft von Angus an.
- ☐ Er erklärt ihnen, wie Lucy es geschafft hat, seine Nachricht zu überbringen.

☒ Sams lautes Rufen gilt der Ankunft von Lucy und Angus.
☐ Als Sam anfängt, laut zu schreien, fliehen die Männer.

KV Seite 34 **Walfang und Walschutz**
Bezogen auf das „Jagdverhalten“ der Higgs-Brüder stellt diese Kopiervorlage Informationen zum Walschutz bereit. Die Schüler erfassen die Forderungen und gestalten ein Plakat zur Veranschaulichung. Sie sollen dabei erproben, wie die bildlich-typografische Gestaltung auf Inhalt und Schreibabsicht abgestimmt werden kann.

Die Forderungen wurden zur 60. IWC-Tagung im Juni 2008 in Santiago de Chile aufgestellt (Quelle: *www.wwf.de/presse*).

Lösung
Aufgabe 1:
z. B. Aus dem Walrat wurden früher Kerzen und Schmieröl hergestellt. Die Ambra aus dem Magen und Darm des Wals wurde als Duftträger in der Parfumherstellung und später in der Kosmetikindustrie verwendet. Aus dem Tran gewann man Lampenöl, aber auch Seife, Kunstharz und Margarine. Die Barten wurden zu Regenschirmen oder Korsettstäben verarbeitet, aus den Knochen ließen sich Leim und Dünger produzieren. Alle Produkte können inzwischen aus anderen Materialien hergestellt werden, doch Walfleisch gilt in Ländern wie Japan oder Norwegen noch heute als Delikatesse und in einigen Ländern dient es als Tierfutter. Deshalb werden Wale weiterhin gejagt, obwohl einige Arten bereits vom Aussterben bedroht sind.

Weiterführende Anregung
Die Schüler können in Gruppen zu weiteren Tierschutzthemen recherchieren, z. B. Internationale Walfang Kommission (IWC), andere bedrohte Tierarten („Rote Liste gefährdeter Arten“), Tierschutz-Organisationen (z. B. Greenpeace, WWF).

5. und 6. Kapitel (Seite 41–49)

Inhalt

Am Kamm der Düne taucht Lucy zunächst allein auf. Sams Verzweiflung wächst, da Angus nicht zu kommen scheint. Am Strand versucht Digger inzwischen, seinen Bruder zu überreden, Sam wegzulocken, damit er den Wal töten und das Gebiss mitnehmen kann. Bill hält Diggers Plan für zu riskant. Aus Unmut versetzt Digger dem Wal einen Fußtritt, was Sam wütend macht.

Plötzlich taucht Angus auf. Nachdem der Naturwissenschaftler den Wal untersucht hat, schlägt er vor, das Tier mit der Flut zurück ins Wasser zu befördern. Mittlerweile hat sich jedoch der Anker des Fischerbootes gelöst, was die Brüder zum Vorwand nehmen, zu verschwinden. Sam und Angus bleiben allein zurück.

Gesprächs- und Schreibanlässe

Achtung vor Lebewesen haben:
- „Digger schlenderte zum Wal hinüber und versetzte ihm ganz grundlos einen Stoß mit dem Fuß.“ (S. 45)

Über Gemeinschaft und Außenseiter nachdenken:
- „Angus war allgemein bekannt als ein Experte für Pflanzen, Tiere, für das Wetter und für alles, was mit dem Meer zusammenhing. Aber in den Augen der meisten Einheimischen war er eine seltsame Figur, ein Sonderling, ein Fremder.“ (S. 47)

Hinweise zu den Kopiervorlagen

KV Seite 35 **Genau gelesen? – 5. Kapitel**
Die Schüler üben das Erfassen zentraler Textstellen und beantworten die Fragen zum Text. Hierbei muss auch auf den Zusammenhang geachtet werden, da nicht alle Antworten wörtlich im Text stehen. Textleerstellen müssen schlussfolgernd und stimmig gefüllt werden. Leseschwache Kinder arbeiten zu zweit zusammen.

Anschließend wählen die Kinder aus den vorgegebenen Gefühlen die passenden aus. Wie fühlt sich Sam, während er auf die Ankunft von Angus wartet? Die Schüler setzen sich vertiefend mit dem Kapitel auseinander.

Lösung

Aufgabe 1:

1. Lucy nimmt von der Düne aus Sams Witterung auf und kommt zu ihm an den Strand. Der Hund zeigt Angus den Weg.
2. Sam erwartet, dass zusammen mit Lucy auch Angus erscheint.
3. Digger will den Wal töten und sich das Gebiss holen, da er nicht glaubt, dass Angus kommen wird.
4. Bill versucht, Digger von dem Vorhaben abzubringen, denn er hat Angst vor den Folgen.
5. Sam ist wütend, weil Digger den Wal getreten hat.

Aufgabe 2:

Verzweiflung, Erleichterung, Liebe, Langeweile, Wut, Trauer, Ratlosigkeit, Anspannung

Weiterführende Anregung

Die Schüler formulieren weitere Fragen, die sie ihren Mitschülern stellen.

KV Seite 36

Genau gelesen? – 6. Kapitel

Die Schüler finden zu den vorgegebenen Aussagen passende Textstellen aus dem 6. Kapitel. Ihre Aufmerksamkeit wird dadurch zum einen auf die zusammengefassten Kernaussagen und zum anderen auf die stilistisch variierten Textbeispiele gelegt. Je nach Leistungsstand und Arbeitstempo können die Kinder diese Textauszüge in verkürzter Form notieren, eventuell sogar nur die Seitenzahl. Es kann auch ausreichen, zu jedem Satz nur eine Textstelle aufzuschreiben.

Angus wird im 6. Kapitel nur schemenhaft abgebildet. Wie stellen die Kinder sich ihn vor? Hier geht es nicht um Richtig oder Falsch. Beim Lesen läuft in der Regel ein „Film" im Kopf des Lesers ab. Die Kinder bringen ihre Vorstellung zu Papier. Die Begriffe und Teilsätze aus der Lektüre helfen ihnen dabei.

Lösung

Aufgabe 1:

Angus kennt sich mit Walen gut aus: „Wie ein Arzt untersuchte er das Tier, betrachtet es überall und ließ seine Finger vorsichtig über Schwanz- und Rückenflossen gleiten." (S. 46), „... bekannt als ein Experte für Pflanzen, Tiere, für das Wetter und für alles, was mit dem Meer zusammenhing." (S. 47)

Digger ärger sich über die Situation: „Diggers Protest ..." (S. 48), „Digger schnellte herum." (S. 48), „... fluchte er wütend." (S. 48), „... schnappte Digger und biss vor Wut die Zähne fest aufeinander." (S. 49), „Digger warf einen finsteren Blick ..." (S. 49)

Bill ermahnt seinen Bruder zum Aufbruch: „Der Kahn treibt ab!" (S. 48), „Wir können hier nicht länger rumstehen, Digger ..." (S. 48), „Der Anker hält eben nicht in diesem Sand." (S. 49), „Wir müssen leider ..." (S. 49), „Reiß dich los, Digger." (S. 49)

Angus beeilt sich: „... kam Angus die Düne mehr heruntergerutscht als -gelaufen." (S. 46), „... beschleunigte sein Tempo." (S. 46)

Weiterführende Anregung

Wiederholtes Lesen fördert das Verstehen eines Textes. Ausgewählte Textstellen werden ein zweites Mal gelesen und auf ihre Bedeutung hinterfragt. Leseschwächere Schüler lesen laut vor, da gerade das sinngestaltende Lautlesen zum besseren Textverständnis beiträgt.

KV Seite 37

Gedanken lesen

Die Schüler setzen die Illustration auf Seite 44 der Lektüre in Beziehung zu den beschriebenen Gefühlen des Protagonisten. Um einen inneren Monolog aus Sams Sicht zu formulieren, nehmen sie dessen Perspektive ein.

Außerdem vollziehen die Schüler die Handlungslogik der Geschichte nach und erkennen Angus' Ankunft am Strand als Folge von Sams Botschaft an seine Schwester Emma (S. 22). Die Kinder füllen eine weitere Leerstelle des Textes, indem sie das Telefongespräch, das zwischen Emma und Angus stattgefunden hat, entwerfen und als Rollenspiel nachstellen.

Beispiellösung

Aufgabe 1:

„Ob Angus noch kommt? Was ist, wenn er nicht kommt? Was soll ich dann tun? Gegen die beiden habe ich keine Chance. Dann töten sie den Wal – meinen Wal. Und alles nur, weil er so schöne Zähne hat! Dabei will ich ihn doch beschützen."

Aufgabe 2:

Lucy läuft, mit der Nachricht von Sam um den Hals, zu Emma nach Hause. Emma findet die Nachricht und ruft daraufhin Angus an. Sie erzählt ihm von der Nachricht und Angus macht sich auf den Weg an den Strand.

Aufgabe 3:
Angus: Ja, hallo?
Emma: Hallo Angus. Hier ist Emma.
A: Hallo Emma.
E: Ich habe gerade eine Nachricht von Sam erhalten.
A: Eine Nachricht?
E: Ja, er ist am Strand. Er hat Lucy eine Nachricht um den Hals gebunden und sie damit zu mir geschickt. Ich soll dich sofort anrufen. Hoffentlich ist ihm nichts passiert.
A: Hoffentlich! Weißt du etwas Genaueres?
E: Nein. Sam schreibt nur, du sollst dringend und sofort zu Billhooks Küste kommen.
A: Was da wohl los ist? Ich mache mich gleich auf den Weg.
E: O. k. Sag mir Bescheid, wenn du weißt, was los ist, ja? Bis dann, Angus.
A: Bis dann, Emma.

Ein ganz anderer Wal: Moby Dick

KV Seite 38

Es bietet sich an, den Schülern im Rahmen der Lektüre auch den Klassiker „Moby Dick" vorzustellen. Der mehr als 900 Seiten umfassende Roman von Herman Melville ist inzwischen in zahlreichen Ausgaben auch als Jugendbuch und Schullektüre erhältlich. Der Hase und Igel Verlag bietet beispielsweise eine behutsam bearbeitete Ausgabe an, die sich an der 1927 in Berlin erschienenen ersten deutschen Übersetzung von Wilhelm Strüver orientiert. Sie wurde unter Rückgriff auf den englischen Originaltext für den Schulgebrauch gekürzt und überarbeitet (Herman Melville: Moby Dick. Garching b. München: Hase und Igel Verlag 2010).

Die Schüler lesen die angebotenen Auszüge aus „Moby Dick" und erproben den thematischen Textvergleich. Dazu werden drei Vergleichskriterien vorgegeben, die sich auf die Auszüge aus „Moby Dick" und die ersten sechs Kapitel von „Sams Wal" beziehen. Indem die Schüler die beiden Romane miteinander vergleichen, treten bestimmte Aspekte des jeweiligen Einzeltextes deutlicher hervor.

Diese Aufgabe ist sehr anspruchsvoll. Geben Sie Hilfestellung, indem Sie vorab schwierige Begriffe klaren und Kernaussagen und wichtige Schlagwörter gemeinsam unterstreichen.

Lösung

	Moby Dick	Sams Wal
Wer sind die wichtigsten Personen in der Geschichte?	Kapitän Ahab und seine Bootsmannschaft	Sam, Digger und Bill Higgs, Angus Cowley
Wie verhalten sie sich?	Ahab jagt Moby Dick, um ihn zu töten. Er steckt die Mannschaft mit seinem Jagdfieber an. Viele Walfänger haben Angst und erzählen sich unheimliche Geschichten über den Weißen Wal. Ahabs Mannschaft greift den Wal mit Harpunen und Lanzen an.	Sam bemüht sich darum, den gestrandeten Wal zu retten. Die Higgs-Brüder wollen sich die Walzähne aneignen, während der Biologe Angus sachverständige Unterstützung bei der Rettung anbietet.
Wie wird der Wal beschrieben?	Weißer Wal: mit einem Hai vergleichbares Raubtier, das Menschen aggressiv angreift und im Kampf überlegen ist; gefürchtet, mächtig und grausam	Gestrandeter Zwergpottwal: auf menschliche Hilfe angewiesen, groß, schwer und ängstlich

Weiterführende Anregungen

- Im Kunstunterricht kann ein Pop-up-Bilderbuch über Moby Dick mit dreidimensionalen Pappteilen zum Aufklappen, Schieben und Ziehen näher betrachtet und die Schüler zum Papierfalten angeregt werden. Sie können anschließend ihre persönliche Vorstellung zur Geschichte von „Sams Wal" beim Basteln mit Papier sichtbar machen (siehe auch KV „Ein Schattentheater gestalten", Seite 43). Literaturhinweis: Sam Ita: Moby-Dick. Ein Pop-up-Buch. Knesebeck 2009. Faltanleitung für Tiere: *www.basteln-gestalten.de/wal-basteln*
- Für die weitere Auseinandersetzung mit dem Mythos Wal kann im fächerübergreifenden Unterricht auch die Geschichte um Jona und den Wal aus dem Alten Testament einbezogen werden.

7. Kapitel (Seite 50–61)

Inhalt

Zunächst errichten Sam und Angus wieder das Schattendach über dem Wal. Die beiden wollen zu zweit versuchen, das Tier zurück ins Meer zu befördern. Doch sie sind zu schwach. Deshalb graben sie ein Sandloch, das sich mit der kommenden Flut mit Wasser füllt und den Wal anhebt. Mithilfe der hereinbrechenden Wellen gelingt es Sam und Angus, den Wal unter großer Anstrengung weiter ins Wasser zu schieben. Da sie das Tier dabei drehen, müssen sie auf das Atemloch achten. Als sich der Wal endlich unter Wasser befindet, bewegt er sich jedoch nicht. Erst nachdem die beiden Helfer seine Muskeln gelockert haben, gleitet er davon und Sam verabschiedet sich leise von ihm. Seine Retter beobachten, wie der Wal weit draußen im Meer schließlich abtaucht.

Gesprächs- und Schreibanlass

Den Blickkontakt mit dem Wal als Leitmotiv der Geschichte erkennen:

- „Da war ein neues Auge. Befreit vom dunklen Sand starrte es ihm ruhig entgegen.“ (S. 54)
- „Der Wal hob seinen großen Kopf aus den Wellen und sah Sam mit einem ruhigen, warmen Blick aus seinem dunkel glänzenden Auge an.“ (S. 59)

Hinweise zu den Kopiervorlagen

KV Seite 39

Die Rettung: Eine Bildergeschichte

Neben der Sprache sind es auch die Illustrationen, die zur Atmosphäre einer Geschichte beitragen. Deshalb lohnt es sich, die Bilder der Lektüre genauer zu betrachten. Im Zentrum dieser Kopiervorlage stehen die Illustrationen des 7. Kapitels. Mithilfe der Fragen wird der Blick der Schüler auf wesentliche Elemente der bildlichen Gestaltung und damit auf die Personen, die Handlung und die Stimmung der dargestellten Situationen gelenkt.

Aus der Bildbetrachtung ergeben sich Vermutungen über das Ende der Geschichte. Die Kinder erzählen, wie sie sich den Ausgang vorstellen. Die Bilderfolge in der Lektüre dient dabei als Gerüst der Erzählung. Die Schüler vergegenwärtigen sich ihre Bildeindrücke, ordnen und deuten diese beim Erzählen.

Nach der Lektüre des Kapitels übersetzen die Schüler ihr Verständnis der Geschichte in eine eigene Bilderfolge, wobei sie sich von den Illustrationen des Buches abgrenzen oder Elemente daraus übernehmen können.

KV Seite 40

Genau gelesen? – 7. Kapitel

Indem die Schüler die wichtigsten Stichworte der einzelnen Kapitelabschnitte zusammenstellen, strukturieren sie den Text und reduzieren ihn auf die wesentlichen Inhalte. Um die Auswahl sinnvoll begründen zu können, ist die Sinnentnahme eine wichtige Voraussetzung.

Mit dem Suchsel wird das Interesse auf weitere Begriffe gelenkt, die zum Wortfeld „Meer“ gehören. Die Klärung der unbekannten Wörter kann im Gespräch oder mithilfe eines Lexikons erfolgen. Mit der Wortfeldarbeit erweitern die Schüler kontextbezogen ihren Wortschatz. Im Suchsel wurde das rechtschriftlich korrekte Wort „Meeresboden“ versteckt. Es weicht vom Begriff „Meerboden“ ab, der in der Lektüre verwendet wird.

Lösung

Aufgabe 2:

A	P	L	E	A	S	R	T	F	L	U	T
B	R	A	N	D	U	N	G	L	H	J	K
S	L	N	A	T	R	B	V	O	W	E	S
W	U	D	A	W	E	L	L	E	O	W	A
O	R	Z	R	T	S	M	N	S	N	E	N
G	T	U	W	E	Z	T	I	T	N	L	D
E	B	N	A	B	S	G	F	R	E	L	I
D	N	G	E	R	L	H	E	U	A	E	P
M	E	E	R	E	S	B	O	D	E	N	K
L	M	P	V	C	R	A	S	E	M	K	J
G	I	S	C	H	T	R	P	L	O	A	H
I	S	N	R	E	Z	T	L	J	K	M	G
O	P	W	I	R	B	E	L	M	N	M	A

Flut, Brandung, Welle, Meeresboden, Gischt, Wirbel, Woge, Landzunge, Brecher, Strudel, Wellenkamm, Sand

KV Seite 41/42

Fragen an Quint Buchholz

Für diese Kopiervorlage wurde im März 2010 per E-Mail ein Interview mit dem Illustrator des Buches Quint Buchholz geführt. Sicher ist es für die Schüler spannend und interessant zu sehen, wer eigentlich hinter den Bildern steht und wie viel Arbeit sie bedeuten. Die Antworten des Illustrators wurden zum leichteren Ver-

ständnis stellenweise vereinfacht und gekürzt. Die Schüler erfassen die zentralen Aussagen, nehmen dazu Stellung und tauschen sich über ihre Leseerfahrungen aus. Welche Fragen würden sie dem Illustrator stellen? Was möchten sie außerdem über Quint Buchholz erfahren? Diese Überlegungen können vorbereitend für die weiterführende Beschäftigung mit dem Illustrator gesammelt werden.

Indem die Kinder ein Bild aus der Lektüre auswählen, setzen Sie sich zusätzlich mit den Illustrationen und dem besonderen Zeichenstil des Illustrators auseinander. Das eigene Malen wird dadurch ebenfalls reflektiert.

Weiterführende Anregung
Lassen Sie die Schüler auf der Homepage des Illustrators und Malers Quint Buchholz (*www.quintbuchholz.de*) weitere Recherchen anstellen. Vor allem im Kunstunterricht bietet es sich an, die Bilder des Künstlers genauer unter die Lupe zu nehmen. In der Galerie finden sich z. B. zusätzliche Tierbilder, die mit den Illustrationen aus „Sams Wal" verglichen werden können.

KV Seite 43

Ein Schattentheater gestalten
Um das Schattentheater am Overheadprojektor aufführen zu können, rekapitulieren die Schüler das Geschehen des 7. Kapitels. Sie versetzen sich in das Denken und Handeln von Sam und Angus, entwickeln gemeinsam Dialoge, füllen Leerstellen des Textes und erproben verschiedene Stimmmodulationen. Sie fertigen Wal- und Wellenformen als Schattenfiguren an und lernen so die Technik des Schattentheaters kennen. Die szenische Umsetzung der Geschichte motiviert die Schüler und führt sie spielerisch an einen kreativen Umgang mit vorgegebenen Strukturen heran.

Weiterführende Anregung
Die sprachlich-szenische Gestaltung kann im Musikunterricht durch Meeresrauschen und Walgesänge erweitert werden. Diese Geräusche recherchieren die Schüler im Internet und versuchen anschließend, sie mithilfe von Instrumenten oder Alltagsgegenständen selbst zu produzieren, z. B. in Flaschen pusten oder Gläser klingen lassen.

Nach der Lektüre

Die folgenden Kopiervorlagen beziehen sich auf die gesamte Lektüre und machen verschiedene Vorschläge zum kreativen Schreiben.

Gesprächs- und Schreibanlässe

Sam beschützt den Wal.

- Warst du schon einmal in einer ähnlichen Situation wie Sam, in der du einem hilflosen Wesen geholfen hast?
- Musstest du dich schon einmal gegen Erwachsene durchsetzen, um etwas zu beschützen, das dir wichtig ist?

Hinweise zu den Kopiervorlagen

KV Seite 44

Gestrandete Wale
Teile aus der Lektüre wurden hier mit einem Sachtext über Wale verknüpft. Die Schüler entflechten die zwei miteinander verwobenen Textsorten, erproben so ein textproduktives Verfahren und restaurieren die Texte. Beim Entflechten und richtigen Zuordnen orientieren sich die Schüler an der fehlenden Textkohäsion: Die Bezüge der Pronomen, die Tempusformen (Präteritum im erzählenden Text, Präsens im Sachtext) und die Verwendung der wörtlichen Rede zeigen an, welche Textteile zusammengehören. Außerdem nehmen die Schüler die inhaltlichen Bezüge zwischen den beiden Texten wahr und befassen sich mit dem Zusammenhang zwischen dem Sachwissen eines Autors und seinem Werk. So wird ein erster Einblick in die Arbeit eines Autors gewährt.

Diese Aufgabe ist anspruchsvoll. Die Schüler können die Textteile vor dem Ausschneiden deshalb zuerst farbig markieren und sich so gegebenenfalls korrigieren.

Lösung
Aufgabe 1:
Sachtext: Oft erfährt man aus den Medien, dass Wale oder ganze Walherden an einer Küste gestrandet sind. Da Wale ihrem Leittier folgen, stranden sie oft in Gruppen. Winde und Wasserströmungen können die Ursache für die Strandung sein. Aber auch der Schiffslärm, der in die Tiefen der Ozeane dringt, stört die Orientierung der Wale. Wenn die Tiere in flaches Wasser geraten, können sie bei Ebbe nicht mehr ins offene Meer zurückkehren. Helfer von Tier-

schutzorganisationen bemühen sich um die Rettung der Tiere. Vor allem kleinere Wale können mit dem ansteigenden Wasser bei Flut wieder ins offene Meer gezogen werden. Vorher ist es jedoch notwendig, die Tiere mit Wasser abzukühlen und ihre Haut vor dem Austrocknen zu schützen. Auch die Kontaktaufnahme durch Zureden und Streicheln kann, so wird berichtet, die Tiere beruhigen.

Sams Wal: Er stellte sich vor, wie der Wal in der Nacht gestrandet war. Wie er immer weiter auf den Strand gespült worden war. Wie einsam und verlassen musste er sich da gefühlt haben.
Sie stemmten sich mit Schultern, Armen und Knien gegen das Gewicht des Wals. Sie keuchten und drückten, als die großen Wellen jetzt hereinbrachen. Mit aneinander gelegten Händen schöpfte er Wasser und ließ es über den Walkörper tröpfeln.
Er riss eine Hand voll Seetang aus und breitete ihn über den Rücken des Wals. Immerhin wurden so ein paar Stellen der Haut vor der brennenden Sonne geschützt.
Er bewegte sich langsam dabei und sprach leise und beruhigend auf den Wal ein. „Nur keine Angst … ich mache das hier nur fest …“

KV Seite 45

Ein Blick zurück

Die Schüler verfassen nach der Lektüre eigene Texte zum Thema, wobei sie zwischen den beiden Aufgabenstellungen selbst auswählen können. Sie entscheiden, ob sie einen Brief aus Sams Perspektive oder einen sachlich-informierenden Text schreiben wollen. Dabei sind die Grundfunktionen sprachlicher Äußerungen – Sachorientierung, Ich-Orientierung und Leser-Orientierung – entsprechend zu berücksichtigen. Bevor sich die Schüler also an das Verfassen des Textes machen, überlegen sie, wer der Adressat ist. In Kleingruppen können sie ihre Texte anschließend besprechen und sich gegenseitig Anregungen zur Überarbeitung geben.

KV Seite 46

Wal-Gedicht

Die Schüler lernen das Gedicht „Der Wal“ von Josef Guggenmos kennen (aus: Josef Guggenmos: Groß ist die Welt. Die schönsten Gedichte. Weinheim: Beltz 2006). Das Gedicht bietet sich für ein erstes Gespräch über die Prägnanz lyrischer Sprache an: Wenige Worte transportieren viel Inhalt und schaffen eine intensive Atmosphäre. Wem fällt der Zeilensprung am Ende des Gedichts auf? Besprechen Sie diese Besonderheit der Lyrik.

Um sich intensiv mit dem Gedicht auseinanderzusetzen, schreiben sich die Schüler in den Gedichttext ein. Durch die Verbindung von Lesen und Schreiben verzögert und intensiviert sich die Textrezeption. Es bietet sich außerdem an, das Gedicht laut vortragen zu lassen. Dadurch können klangliche Besonderheiten wie die Alliteration oder die wiederholten Fragen greifbar gemacht und neue Zugänge zum Textverständnis eröffnet werden.

Im Bezug auf die Lektüre reflektieren die Schüler anschließend den thematischen Zusammenhang zwischen dem Gedicht und dem Kinderbuch. Die Verse verdeutlichen, wie imposant die Erscheinung eines Wals ist. Trotzdem ist er verletzlich. Die Schüler erkennen, dass ihn die gewaltige Größe und das enorme Gewicht nicht vor den Menschen schützen können. Hierin liegt auch die besondere Verantwortung, die wir als Menschen tragen.

Weiterführende Anregungen

- Leiten Sie die Schüler mithilfe von strukturellen Regeln und literarischen Mustern bzw. durch inhaltliche Vorgaben dazu an, eigene lyrische Texte zu verfassen. Damit lassen sich die mit der Lektüre gewonnenen Erfahrungen in eigene Gestaltungsversuche und unterschiedliche Ausdrucksmöglichkeiten überführen. Die Gedichte können mit verschiedenen Schreibmaterialien angefertigt und passend illustriert werden. Literarische Muster wie Figurengedicht, Haiku, Elfchen oder Rondell bieten sich an, möglich ist aber auch die freie Form. Informationen zu den einzelnen Gedichtformen finden Sie im folgenden Infokasten.

Figurengedicht: Hier spiegelt sich der Inhalt des Gedichts in der äußeren Form des Textabdrucks wider, z. B.

T O R P F E N
SCHIRM
SCHIRM SCHIRM
SCHIRM SCHIRM SCHIRM
SCHIRM SCHIRM SCHIRM SCHIRM
S
T
O
C
K

Haiku: Diese japanische Gedichtform besteht aus drei Verszeilen. Der erste Vers hat fünf Silben, der zweite sieben und der dritte Vers wieder fünf.

Elfchen: Das Elfchen ist eine Gedichtform mit elf Wörtern, die sich auf fünf Verszeilen nach folgendem Schema verteilen:

____ (z. B. Adjektiv oder Nomen)
____ ____ (passender Gegenstand, Eigenschaft)
____ ____ ____ (nähere Beschreibung)
____ ____ ____ ____ (Empfindung oder Wirkung)
____ (Zusammenfassung)

Rondell: Das Rondell besteht aus acht Verszeilen. In jeder Zeile steht ein Satz. Die erste, vierte und siebte Zeile sind gleich. Die zweite und achte Zeile sind ebenfalls gleich. Ein Rondell besteht damit aus fünf verschiedenen Sätzen.

Text-Bild-Gestaltung:

- Im Kunst- und Werkunterricht lassen sich neben bildnerischen Verfahren auch andere Möglichkeiten erproben, „Wal-Kunst" zu gestalten, z. B. mit Ton.

Name:

lesen | schreiben | malen/basteln | rätseln | Bilder betrachten | recherchieren

Wissen über Wale (1)

Lies die Vorbemerkung der Autorin. Du erfährst bereits einiges über Wale. Schneide die Informationen unten aus und klebe sie passend ein.

Großer Pottwal	Großer Schwertwal	Zwergpottwal
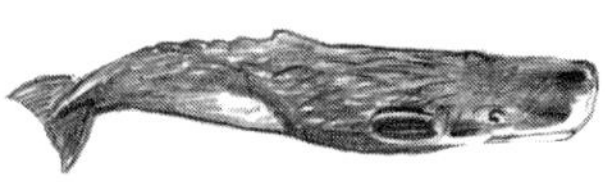		

Die drei Walarten sind unterschiedlich groß. Stelle ihre Länge jeweils als Balken dar. Beschrifte diese anschließend.

1 Meter entspricht 1 cm.

✂

8 Meter	10 Zentner/500 kg	15 Meter
3 Meter	36 Tonnen	7 Tonnen

Name:

lesen **schreiben** **malen/basteln** rätseln Bilder betrachten recherchieren

Wissen über Wale (2)

Die Größe eines Wals kann man sich nur schwer vorstellen.
Ordne die Angaben. Beginne mit dem schwersten Gewicht.

☐ Elefant 3,5 t ☐ Mensch 65 kg ☐ Blauwal 130 t

☐ Pottwal 30 t ☐ Delfin 250 kg ☐ Kuh 650 kg

Wie viele Menschen ergeben in etwa das Gewicht eines Zwergpottwals?
Rechne aus und male in den Umriss.

Ein Pottwal kann etwa 60 Minuten lang tauchen. Male diese Zeit in der linken Uhr an. Wie lange kannst du die Luft anhalten? Miss die Zeit und male sie in die rechte Uhr.

Pottwal

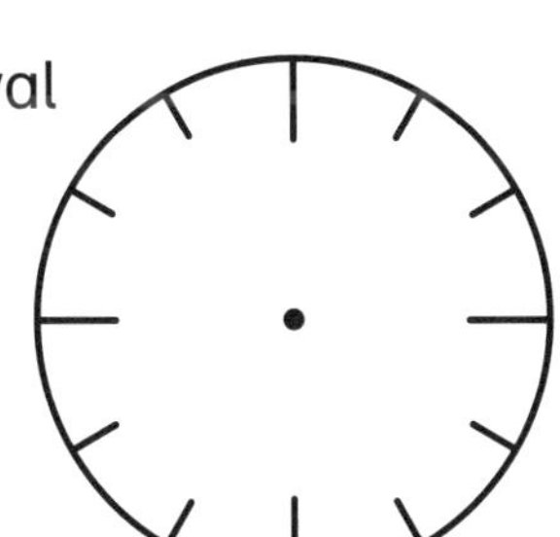

ich

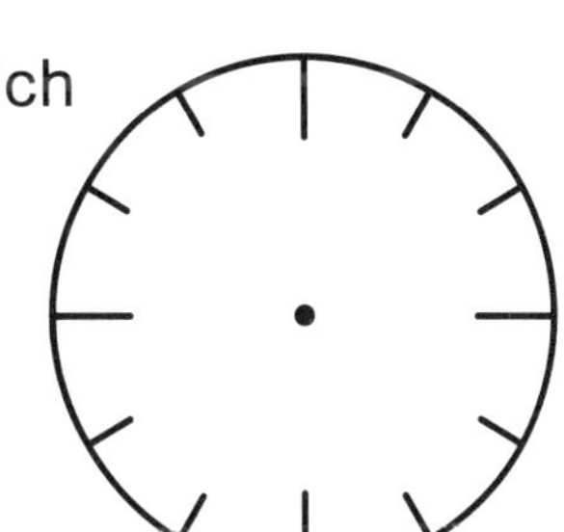

Genau gelesen? – 1. Kapitel

Kreuze jeweils die richtige Antwort an. Manchmal sind auch mehrere Antworten möglich. Trage am Schluss das Lösungswort ein.

1. Zu welcher Tageszeit geht Sam an den Strand?
   - ☐ am Morgen **Z**
   - ☐ am Nachmittag **N**
   - ☐ am Abend **E**

2. Wie nennt man vom Meer angeschwemmte Gegenstände?
   - ☐ Flut **F**
   - ☐ Treibgut **W**
   - ☐ Treibstoff **O**

3. Woran erinnert Sam der dunkle Hügel am Strand von Weitem?
   - ☐ an tote Körper von großen Meerestieren **E**
   - ☐ an ein Schiffswrack **S**
   - ☐ an einen Haufen Netze **R**

4. Womit vergleicht Sam das Aussehen des gestrandeten Wals?
   - ☐ mit einem Delfin **G**
   - ☐ mit einem Felsen **L**
   - ☐ mit einem Haifisch **P**

5. Was interessiert Sam zuerst besonders?
   - ☐ die Flossen des Wals **E**
   - ☐ das Gebiss des Wals **O**
   - ☐ eine sichtbare Verletzung des Tieres **W**

6. Wie sehen die Zähne des Wals aus?
   - ☐ Sie sind spitz. **T**
   - ☐ Sie sind rosa. **A**
   - ☐ Sie sind nach innen gebogen. **T**

7. Warum erschrickt Sam?
   - ☐ weil der Wal sich bewegt **P**
   - ☐ weil der Wal tot ist **G**
   - ☐ weil der Wal Luft ausstößt **W**

8. Wie versucht Sam, den Wal vor der Sonne zu schützen?
   - ☐ Er gießt Wasser über ihn. **A**
   - ☐ Er bedeckt ihn mit Seetang. **L**
   - ☐ Er legt sein T-Shirt über ihn. **H**

Die Lösung lautet: ☐☐☐☐☐☐☐☐☐☐☐☐.

Name:

lesen | schreiben | malen/basteln | rätseln | Bilder betrachten | recherchieren

Die erste Begegnung

Der Mensch nimmt seine Umwelt mit fünf Sinnen wahr. Trage passende Verben (Tunwörter) dafür ein.

______	______	______	______	______

Lies die Textstelle über Sams erste Begegnung mit dem Wal (S. 11/12). Mit welchen Sinnen nimmt Sam das Tier wahr? Trage ein.

Wie nimmt Sam etwas wahr? (Sinneseindruck)	Was nimmt er wahr? (Gegenstand, Geräusch, Gefühl ...)
sehen	Schwanz, kleine Rückenflosse, ______
______	______

Überlegt gemeinsam, warum der Text Sams Wahrnehmung so genau wiedergibt.

______

______

Ein besonderes Lebewesen

Sam betrachtet den Wal genau.

Lies die Seiten 11–14. Welche Körperteile nimmt Sam in den Blick? Kreise sie ein. Streiche die falschen durch.

Schwanz Zahnreihe Bauchnabel Rückenflosse Atemloch Fell

glatte, dunkle Haut großes Auge Schuppen abgeflachter Kopf

Ohren Maul bleicher Bauch rosa Unterkiefer Zehen glatter Rücken

Lies den folgenden Informationstext. Beschrifte den Wal. Kannst du weitere Begriffe ergänzen? Male den Zwergpottwal passend an.

Wale sind Säugetiere. Zum Luftholen müssen sie auftauchen. Das Blasloch befindet sich an der Oberseite des Kopfes. Daraus stößt der Wal Luft und Wasser aus.
In der Fachsprache der Biologen wird die Schwanzflosse Fluke genannt. Sie steht quer zum Körper. Der Wal bewegt sie auf und ab, um vorwärts zu kommen. Die beiden Seitenflossen nennt man Flipper, sie dienen dem Gleichgewicht. Die Rückenflosse heißt Finne. Auch sie sorgt beim Schwimmen für das Gleichgewicht des Wals.

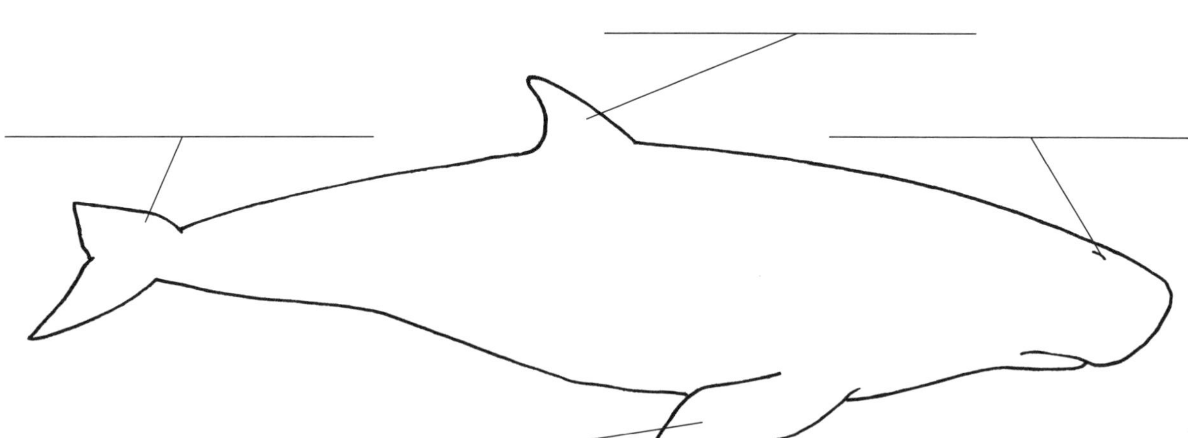

Der Wal – so groß wie …

Sams Beschreibung des Wals enthält mehrere Vergleiche (S. 11).
Suche die Textstellen heraus und verbinde richtig.

Schwanz und Rückenflosse •	• sah aus wie bei einem Haifisch.
Der Kopf •	• sahen aus wie bei einem Delfin.
Die Stille wurde unterbrochen •	• fühlte sich an wie Gummi.
Das Röcheln •	• wie von einer Explosion.
Die Flosse •	• hörte sich an wie eine Dampfmaschine, wie ein Schnaufen aus einem Alptraum.

Kennst du noch weitere Vergleiche? Ergänze die folgenden Beispielsätze durch Vergleiche mit „wie“ oder „als ob“.

Er rannte so schnell ______________________________.

Die Sonne brannte ______________________________.

Die Hitze erschien ihm ______________________________.

Er machte ein Gesicht ______________________________.

Seine Stimme hörte sich an ______________________________.

Die Sandkörner stachen ______________________________.

Er fühlte sich so hilflos ______________________________.

Verfasse einen Text über ein Tier, in dem du passende und unpassende Vergleiche verwendest. Findet dein Partner heraus, welche nicht stimmen?

Name:

lesen | schreiben | malen/basteln | rätseln | Bilder betrachten | recherchieren

Zahnwale und Bartenwale

Sam ist fasziniert von den Zähnen des Wals. Aber nicht alle Wale haben Zähne. Setze die richtigen Begriffe in die Lücken ein.

Sieb taucht Pottwal Echoortung Blauwal herausdrückt

Bartenplatten Zähne Fische 100.000 Klicklaute

Wale werden in Zahnwale und Bartenwale eingeteilt. Bartenwale haben keine Zähne, sondern lange, biegsame ______________. Sie hängen vom Oberkiefer herab und funktionieren bei der Nahrungsaufnahme wie ein __________. Bartenwale nehmen mit einem Schluck bis zu __________ Liter Wasser auf. Darin befinden sich winzige Krebse, Schnecken, Würmer, aber auch kleine Fische. Wenn der Wal das Wasser aus dem Maul ______________, bleiben sie an den Barten hängen. Der größte Bartenwal ist der __________. Zahnwale brauchen ihre __________ zum Jagen. Sie fressen größere Tiere wie __________ und Kraken. Zahnwale senden laute ______________ aus, die von den Beutetieren im Wasser als Echo zurückgeworfen werden. So können sie die Art und Entfernung ihrer Beute feststellen. Das nennt man ______________. Der größte Zahnwal ist der __________. Er ist der beste Taucher unter den Walen. Für seine Lieblingsbeute __________ er bis in tausend Meter Tiefe und mehr.

Ergänze die Zähne oder Barten der beiden Wale. Sieh vorher in einem Lexikon nach.

Blauwal

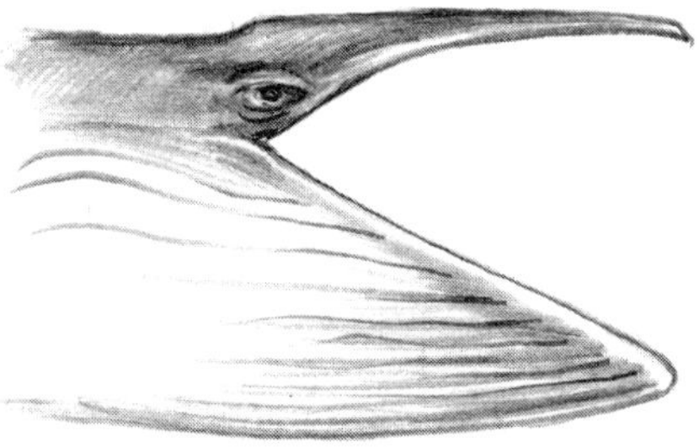

Pottwal

Name:

lesen schreiben malen/basteln rätseln Bilder betrachten recherchieren

Hilfe!

Beachte die Seiten 16–21.

Sam will Hilfe holen. Antworte jeweils mit wenigen Worten.

Wie wird Sam Hilfe holen?	Was muss Lucy wohl tun?	Wer könnte Sam helfen?

Betrachte die Illustration zu dieser Textstelle. Was schreibt Sam hier wohl auf? Verfasse seine Nachricht.

Lies das 2. Kapitel zu Ende. Überlegt gemeinsam, was passieren würde, wenn Lucy den Befehl nicht ausführt.

Name: ____________________ lesen | schreiben | malen/basteln | rätseln | Bilder betrachten | recherchieren

Sams Lager

Lies das 2. Kapitel.

Notiere in Stichpunkten, wo sich Sams Lager befindet, wie es von außen aussieht und welche Gegenstände Sam dort angesammelt hat.

Die Umgebung des Lagers: ____________________

____

____

Das Lager von außen: ____________________

____

____

Die Schätze im Inneren: ____________________

____

____

Male Sams Lager so weiter, wie es im Text beschrieben wird.

Name:

lesen | schreiben | malen/basteln | rätseln | Bilder betrachten | recherchieren

Genau gelesen? – 2. Kapitel

Schneide die Streifen aus und bringe sie in die richtige Reihenfolge. Achtung: Fünf Sätze sind falsch!

Finde eine Überschrift für das Kapitel und trage sie in den freien Streifen ein. Klebe alles auf ein Blatt.

✂

Im Lager findet Sam einen Bleistift und schreibt eine Nachricht auf.
Sam denkt an Gus, der ihm helfen könnte.
Der kühle, feuchte Sand ist eine Wohltat für seine Füße.
Wegen der Hitze gießt Sam Wasser in das Maul des Wals.
Der Junge läuft mit seinem Hund zum Lager im Wald.
Das Boot nimmt Kurs auf den Strand.
Sam hört ein Geräusch und entdeckt seinen Hund.
Lucy macht sich auf den Weg nach Hause.
Sam beschließt, dass Lucy Hilfe holen muss.
Sam sucht die leeren Wellenkämme ab.
Mit einer Hand schirmt er die Augen ab.
Sam lässt seinen Blick über den Strand und das Meer schweifen.
Sam schickt den Hund nach Hause.
Auf Händen und Knien kriecht er aus dem Wasser.

Name:

lesen | schreiben | malen/basteln | rätseln | Bilder betrachten | recherchieren

Genau gelesen? – 3. Kapitel

Lies das 3. Kapitel. Beantworte die Fragen und schreibe die Lösungen in das Gitter. Trage das Lösungswort unten ein.

1. Das Wasser kommt näher, die … hat eingesetzt.
2. Wo liegen der Kopf und der Schwanz des Wals? Im …
3. Woher kommen die weißen Kleckse auf dem Walkörper? Von den …
4. Was könnte Lucy auf ihrem Weg ablenken?
5. Mit welchem Körperteil berührt Sam im Sitzen den Wal? Mit dem …
6. Was hört Sam aus dem Inneren des Wals? Den …
7. Was erblickt Sam plötzlich auf dem Wasser? Ein …
8. Wie bezeichnet Sam die Higgs-Brüder? Als Trophäensammler und …
9. Womit schlägt der Wal wütend ins Wasser? Mit der …

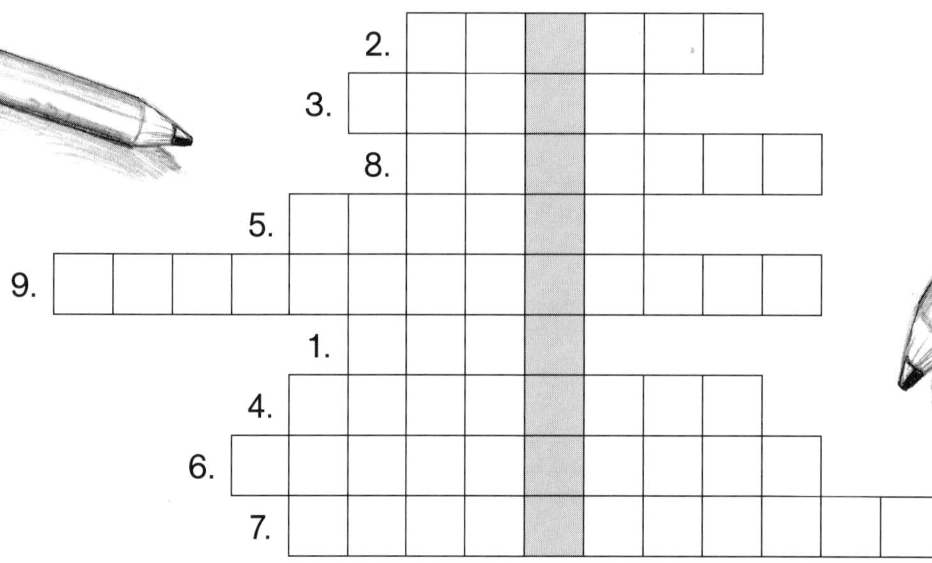

Lösung: Sam schützt den Wal mit einem ☐☐☐☐☐☐☐☐☐.

Dem Wal drohen verschiedene Gefahren am Strand. Welche? Kreise ein.

Er verlernt zu schwimmen.

Er verhungert am Strand.

Die Möwen picken seine Augen aus.

Die Higgs-Brüder wollen ihn töten.

Der Wal erfriert.

Die Sonne verbrennt seine Haut.

Der Wal wird gefressen.

Name:

lesen | schreiben | malen/basteln | rätseln | Bilder betrachten | recherchieren

Veränderte Einstellung

Sams Einstellung zum Wal verändert sich im Laufe der ersten drei Kapitel. Lies folgende Textauszüge und vergleiche sie miteinander.

Trage Sams Gefühle in das Koordinatensystem ein. Verbinde die neun Punkte zu einer Linie. Was kannst du an dieser Kurve ablesen?

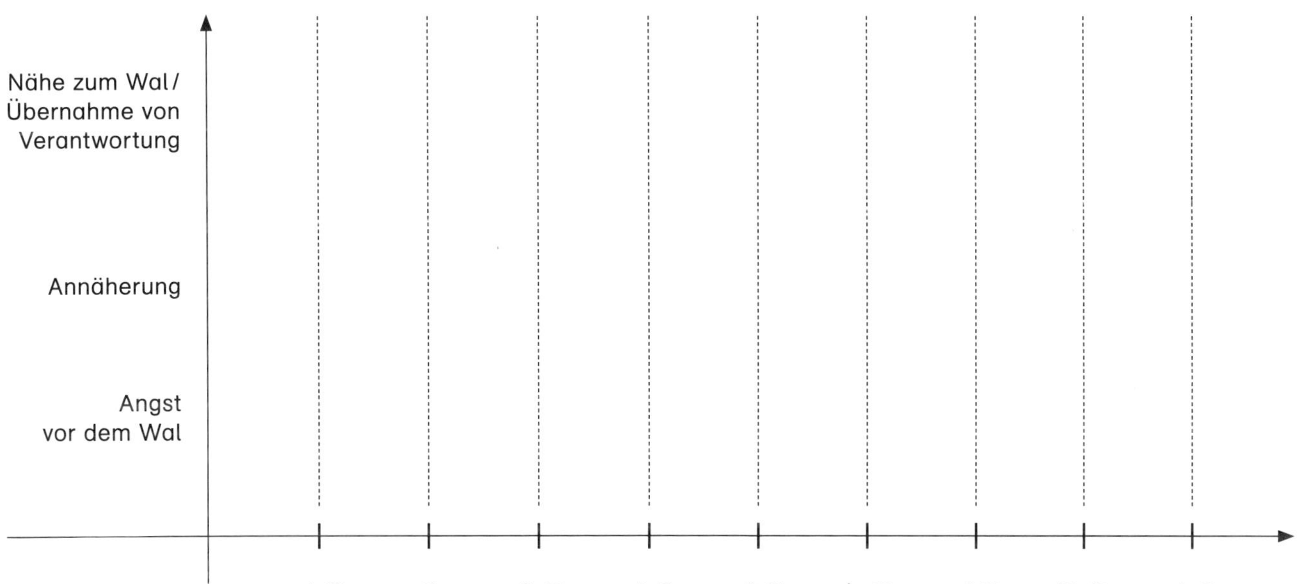

- Sam schnellte zurück, er schrie laut auf [...]. Sein Herz raste vor Angst. (S. 11/12)
- Vorsichtig näherte er sich wieder dem Wal [...] (S. 13)
- Hinter ihm bewegte sich etwas. Er schnellte herum, wachsam, voll Anspannung und Furcht. (S. 17)
- „Keine Angst, Hai-Wal", sagte er beim Näherkommen. „Ich bin's nur, Sam." (S. 25)
- Am Kopfende, ein Stück von den spitzen Zähnen entfernt, setzte sich Sam in den Schatten des Baldachins. (S. 27)
- Mutig geworden kroch Sam schließlich ein Stück näher an den Wal heran, bis er ihn berührte. (S. 27)
- [...] aber das Tier lag ganz still. Sam entspannte sich, streckte seine Beine aus und lehnte sich weiter zurück. (S. 27)
- Plötzlich pochte etwas gegen Sams Rücken, und er erschrak. (S. 27/28)
- Mein Wal, dachte er. Mein Wal. Mein Wal. Ich werde dir helfen, dachte der Junge. (S. 28)

Geräusche um uns herum

Schließe für eine Minute die Augen und achte auf die Geräusche in deiner Umgebung.

Aus welcher Richtung kamen die Geräusche?

Wie hörten sich die Geräusche an?

Wodurch wurden sie hervorgerufen?

Sprich mit deinen Klassenkameraden darüber, was du gehört hast.

Geräusche und Gefühle

Manche Geräusche verbinden wir mit positiven Gefühlen, andere Geräusche können unangenehm sein oder sogar Angst machen.

Erzählt euch, welche Gefühle diese Geräusche bei euch auslösen.

Knarren Jubel Seufzen Hundegebell Weinen Lachen Meeresrauschen

Gefahr im Verzug

Sam sieht, wie sich ein Fischerboot nähert. Er erkennt die Higgs-Brüder.

Lies die Seiten 32–34. Erstelle eine „Geräusche-Kette", indem du die Blasen in der richtigen Reihenfolge miteinander verbindest.

Rufe der Männer

Platschen des Ankers

Sprung der Männer in das Boot

Platschen der Ruderblätter

Kreischen einer Möwe

näher kommendes Motoren-geräusch

Klirren der Ankerkette

zu Wasser gelassenes Ruderboot

schwer stampfende Schritte

Name:

lesen **schreiben** malen/basteln rätseln Bilder betrachten recherchieren

Genau gelesen? – 4. Kapitel

Das 4. Kapitel besteht aus zwei Textabschnitten.

Finde jeweils eine sinnvolle Überschrift für die beiden Abschnitte.

Als Sam das Motorengeräusch hörte, hielt er den Atem an und sah nicht mehr hin. Er wartete, ob das Brummen näher kam oder ob es sich entfernte.
Es kam näher. Digger, den Schreihals, konnte er schon deutlich verstehen …

Es herrschte Stille. Nur das Schreien der Möwen war zu hören und das Plätschern der Wellen um den Körper des Wals.
Die Sonne funkelte auf einer großen Stahlklinge – Diggers Buschmesser, das an seinem Gürtel hing und hin und her schaukelte …

Sam muss sich den Higgs-Brüdern stellen. Diese Situation ist nicht einfach. Kreuze an, welche Aussagen auf Sam zutreffen.

☐ Als das Boot näher kommt, steht Sam sofort auf.
☐ Sam versucht, durch seine Haltung und seinen Blick die Männer zu beeindrucken.
☐ Er klärt die Männer darüber auf, dass der Wal lebt.
☐ Sam bemerkt das Buschmesser an Diggers Gürtel nicht.
☐ Sam kann es verhindern, dass die Männer das schützende Segeltuch entfernen.
☐ Sam muss zulassen, dass Digger den Wal berührt.
☐ Sam kündigt den Männern die Ankunft von Angus an.
☐ Er erklärt ihnen, wie Lucy es geschafft hat, seine Nachricht zu überbringen.
☐ Sams lautes Rufen gilt der Ankunft von Lucy und Angus.
☐ Als Sam anfängt, laut zu schreien, fliehen die Männer.

Name:

lesen | schreiben | malen/basteln | rätseln | Bilder betrachten | recherchieren

Walfang und Walschutz

Warum gehen die Menschen noch heute auf Walfang? Lies den Text und recherchiere in Sachbüchern und im Internet. Berichte darüber.

Seit Jahrhunderten werden Wale gejagt. Deshalb sind viele Walarten vom Aussterben bedroht. Seit 1986 gibt es ein weltweites Walfangverbot, aber einige Länder halten sich bis heute nicht daran. Deshalb ist der Schutz der Wale weiterhin dringend notwendig. Die Naturschutzorganisation WWF hat 2008 etliche Forderungen formuliert.

Lies die Forderungen und gestalte dazu ein anschauliches Plakat. Verwende unterschiedliche Schriftgrößen und Farben, Rahmen und Symbole. Ergänze Fotos oder male Bilder.

Den Walfang stoppen:
Die Vorschriften zum Schutz der Wale lassen zu viele Freiheiten. Auch Japan, Island und Norwegen, die immer noch Jagd auf Wale machen, müssen gestoppt werden.

Den „wissenschaftlichen Walfang“ abschaffen:
Manche Länder haben das Recht, Wale zur Erforschung zu töten. Um mehr über Wale zu erfahren, muss man sie jedoch nicht töten.

Ertrinken in Fischereinetzen beenden:
Jedes Jahr ertrinken etwa 300.000 Wale und Delfine in den Netzen der Fischereien. Hier müssen bessere Methoden des Fischfangs durchgesetzt werden.

Klimawandel bekämpfen:
Der Klimawandel gefährdet viele bedrohte Walarten zusätzlich. Wenn die Temperatur der Ozeane weiter ansteigt, finden vor allem die Wale, die in den Kaltwasserzonen auf Nahrungssuche gehen, dort nicht mehr genügend Nahrung zum Überleben. Ihr Lebensraum wird zu klein. Klimaschutz bedeutet Schutz der Wale!

Meeresverschmutzung bremsen:
Durch Abfälle und Lärm von Schiffen werden Meerestiere stark gestört. Sie magern ab, werden krank und pflanzen sich nicht mehr fort. Daher müssen die Meere geschützt werden.

Schiffsunfälle vermeiden:
Viele Wale und Delfine kommen jedes Jahr ums Leben, weil sie mit Schiffen zusammenstoßen oder in Schiffsschrauben geraten. Schuld ist auch der starke Lärm unter Wasser, der die empfindlichen Tiere in ihrer Orientierung stört. Der WWF fordert, die Gefahren für Wale zu vermindern.

Schutzgebiete schaffen:
An Land gibt es viele Naturschutzgebiete, auf hoher See jedoch nicht: Nur ein winziger Teil unserer Weltmeere ist unter Schutz gestellt. Dies muss sich ändern. Der WWF fordert größere Meeresschutzgebiete, die dazu beitragen, dass sich das Leben der Wale verbessert.

(Quelle: www.wwf.de)

Name:

Genau gelesen? – 5. Kapitel

Beantworte die folgenden Fragen mit deinen eigenen Worten. Schreibe ganze Sätze.

1. Lucy erscheint auf der Düne. Was macht der Hund dort?

____

____

2. Als Sam Lucy entdeckt, hat er eine bestimmte Erwartung. Welche ist das?

____

____

3. Bill soll Sam vom Wal weglocken. Welches Ziel verfolgt Digger damit?

____

____

4. Wie reagiert Bill auf Diggers Vorschlag?

____

____

5. Die Situation mit den Higgs-Brüdern spitzt sich zu. Warum ballt Sam seine Hände zu Fäusten?

____

____

Sam durchlebt im 5. Kapitel verschiedene Gefühle. Male an.

Verzweifelung Erleichterung Liebe Langeweile

Wut Trauer Ratlosigkeit Anspannung

Name:

lesen | schreiben | malen/basteln | rätseln | Bilder betrachten | recherchieren

Genau gelesen? – 6. Kapitel

Finde Textstellen und Stichworte aus dem 6. Kapitel, die zu folgenden Aussagen passen, und schreibe sie dazu.

Angus kennt sich mit Walen gut aus.

Digger ärgert sich über die Situation.

Bill ermahnt seinen Bruder zum Aufbruch.

Angus beeilt sich.

Wie stellst du dir Angus vor? Male ihn und klebe ihn in den Kasten.

Wasserflasche

Messer

Armeerucksack

Experte für Tiere

Sonderling

kennt sich mit dem Meer aus

Gedanken lesen

Die Situation zwischen Sam und den Männern spitzt sich zu. Betrachte die Illustration auf Seite 44 und schreibe auf, was Sam wohl denkt.

Angus Cowley erscheint am Strand. Woher weiß er von dem Notfall? Erkläre die Zusammenhänge. Die Stichworte helfen dir.

Nachricht von Sam

Lucy nach Hause

Emma

Anruf bei Angus

Versetzt euch in die Lage von Emma und Angus. Überlegt euch zu zweit, wie das Telefongespräch abgelaufen sein könnte. Spielt die Situation nach.

Name:

lesen **schreiben** malen/basteln rätseln Bilder betrachten recherchieren

Ein ganz anderer Wal: Moby Dick

Der amerikanische Autor Hermann Melville war in seiner Jugend selbst als Matrose auf einem Walfangschiff mitgefahren. Er veröffentlichte 1851 einen fast tausend Seiten dicken Abenteuerroman über die Jagd von Kapitän Ahab auf den weißen Wal Moby Dick. Dieses Buch wurde weltberühmt.

Lies die Auszüge aus dem Roman. Vergleiche mit „Sams Wal“.
Übertrage die Tabelle auf ein Blatt und fülle sie aus.

	Moby Dick	Sams Wal
Wer sind die wichtigsten Personen in der Geschichte?		
Wie verhalten sie sich?		
Wie wird der Wal beschrieben?		

„Es war der verfluchte Weiße Wal, der mir das Bein abrasiert hat. Darum will ich ihn jagen. Deshalb seid ihr hier an Bord, Männer! Gemeinsam werden wir den Weißen Wal rund um den Erdball jagen.“

„Vorwärts!“, befahl Ahab und die Boote rasten auf den Wal zu, um ihn anzugreifen.

[Moby Dick] stürmte auf seine Gegner zu und schlug mit seiner Schwanzflosse mit solcher Wucht hin und her, dass Harpunen und Lanzen über Bord gingen.

Wilde Gerüchte machten die Runde. Unter anderem wurde erzählt, dass Moby Dick zur gleichen Zeit an ganz unterschiedlichen Orten gewesen sei, ja, dass er geradezu allgegenwärtig sei. (...) Da Moby Dick zudem wiederholt den Angriffen der tapfersten und erfahrensten Walfänger lebend entkommen war, behaupteten manche besonders abergläubischen Seeleute schließlich gar, der Weiße Wal sei unsterblich. Was aber den größten Schrecken verbreitete, war seine Verschlagenheit. (...) Das verbreitete mehr Furcht und Entsetzen als alles andere.

Der Wal hatte sich jetzt schräg auf den Rücken gedreht wie ein zubeißender Hai und nahm den ganzen Bug des Bootes ins Maul. (...) Das bläulich-weiße Innere des Walrachens war nur wenige Zentimeter von Ahabs Kopf entfernt, als der Wal jetzt das Boot seines Feindes schüttelte wie eine Katze eine gefangene Maus.

Illustration aus: Hermann Melville: Moby Dick. Garching b. München: Hase und Igel Verlag 2010.

Name:

lesen | schreiben | malen/basteln | rätseln | Bilder betrachten | recherchieren

Die Rettung: Eine Bildergeschichte

Betrachte die vier Illustrationen des letzten Kapitels. Wähle aus den folgenden Kästen zwei aus und bearbeite sie. Schreibe auf ein Blatt.

Sieh dir die Haltung der Personen auf den Bildern an. Welche Stimmung wird ausgedrückt? Finde passende Adjektive (Eigenschaftswörter).

Wo stehen die beiden Personen in der Bilderfolge? Wie erklärst du die verschiedenen Positionen?

Das letzte Bild ist anders. Welchen Unterschied kannst du erkennen?

Was könnten die Personen auf den einzelnen Bildern sagen? Welche Geräusche sind zu hören?

Welches Bild gefällt dir am besten? Begründe möglichst genau.

Erzähle, wie du dir den Ausgang der Geschichte vorstellst.

Lies nun das 7. Kapitel und male dazu deine eigene Bildergeschichte.

Name:

lesen | schreiben | malen/basteln | rätseln | Bilder betrachten | recherchieren

Genau gelesen? – 7. Kapitel

Das letzte Kapitel besteht aus sechs Textabschnitten.

Lies das Kapitel und schreibe wichtige Stichworte aus den einzelnen Abschnitten heraus. Begründe, warum diese Wörter für dich wichtig sind.

In dem Gitterrätsel sind waagrecht und senkrecht zwölf Wörter aus dem Kapitel versteckt. Markiere sie und schreibe sie rechts auf die Linien.

A	P	L	E	A	S	R	T	F	L	U	T
B	R	A	N	D	U	N	G	L	H	J	K
S	L	N	A	T	R	B	V	O	W	E	S
W	U	D	A	W	E	L	L	E	O	W	A
O	R	Z	R	T	S	M	N	S	N	E	N
G	T	U	W	E	Z	T	I	T	N	L	D
E	B	N	A	B	S	G	F	R	E	L	I
D	N	G	E	R	L	H	E	U	A	E	P
M	E	E	R	E	S	B	O	D	E	N	K
L	M	P	V	C	R	A	S	E	M	K	J
G	I	S	C	H	T	R	P	L	O	A	H
I	S	N	R	E	Z	T	L	J	K	M	G
O	P	W	I	R	B	E	L	M	N	M	A

Klärt gemeinsam die Bedeutung der unbekannten Wörter.

Fragen an Quint Buchholz (1)

Quint Buchholz hat die Bilder zur Lektüre „Sams Wal“ gemalt.
Lies folgendes Interview mit ihm.

Ina Brendel-Perpina: Herr Buchholz, wie ist es dazu gekommen, dass Sie vor rund zwanzig Jahren „Sams Wal“ illustriert haben?
Quint Buchholz: Ich hatte mit dem Programmleiter des Jugendbuchs beim Ravensburger Buchverlag schon vorher ein Buch gemacht. Er hat mir dann dieses vorgeschlagen, das mich sofort überzeugt hat.

Was hat Ihnen an diesem Buch besonders gefallen?
Das Thema „Tiere“ und unser Umgang mit ihnen beschäftigen mich schon lange. Dies war für mich der Idealfall einer kleinen, überschaubaren und auf das Wesentliche konzentrierten Geschichte. Anrührend, spannend – und mit gutem Ausgang, was ich gerade bei diesem Thema wichtig fand. Der scheue, respektvolle und gleichzeitig so sorgsame, liebevolle Umgang Sams mit dem Wal und dessen Geheimnissen schien und scheint mir beispielhaft. Und: Sam ist die meiste Zeit der Geschichte allein – bis auf seinen Hund. Das passte gut zu den Bildern, die ich gerne male.

Wie haben Sie festgelegt, welche Textstellen Sie illustrieren wollen?
Man skizziert sich erstmal durch die ganze Geschichte, versucht herauszufinden, welche Bilder in ihr zum Vorschein kommen. Dann sucht man nach Bildern, die man besonders gerne malen möchte, nach stimmungsvollen Situationen (was bei diesem Buch nicht schwierig war), nach Motiven, die etwas über die ganze Geschichte und über die handelnden Personen erzählen. Über deren Gefühle, deren Sehnsucht, deren Verlorenheit.

Ihre Bilder wirken wie Fotos. Warum ist das so?
Ich male die Dinge gerne sehr genau. Ich bereite ein Buch lange vor, sammle Material, versuche mich zu informieren über die besonderen Details der Geschichte. Also in diesem Fall über Tasmanien, über den Strand, das Meer und über Wale, speziell über Zwergpottwale, von denen nur zwei unscharfe Fotos und wenige Beschreibungen zu finden waren, da es sehr scheue Tiere sind.
Ich habe dann den gestrandeten Wal nach allem, was ich in Erfahrung bringen konnte, möglichst genau modelliert und bemalt, sodass ich dann dieses ca. 40 cm lange Walmodell im Atelier liegen hatte und es so hinlegen und beleuchten konnte, wie ich das für die einzelnen Bilder brauchte.
Ich erinnere mich noch, wie meine Tochter Nina, damals fünf, zum ersten Mal das fertige Modell auf meinem Tisch liegen sah, sich nur scheu näherte und fragte: „Ist der echt?“
Für die Bilder des Jungen Sam habe ich Fotos von meinem Sohn Sebastian gemacht, nachdem ich die einzelnen Bildsituationen, die Perspektive und das Licht festgelegt und skizziert hatte. Es war mir wichtig, dass auch das Licht wirklich stimmte, dass ich eine genaue Vorstellung davon bekam, wie der Wal am Strand lag und wie die Sonne (in Australien, da südlich des Äquators, in umgekehrter Richtung als bei uns, sozusagen von rechts nach links) im Laufe des Tages über den Himmel wandert.

Name: ______________________ lesen | schreiben | malen/basteln | rätseln | Bilder betrachten | recherchieren

Fragen an Quint Buchholz (2)

Warum malen Sie die Figuren oft von hinten?
Ich mag es, wenn der Betrachter Raum hat für seine eigenen Vorstellungen und Gefühle, die er mit einer Figur verbindet. Außerdem gefällt es mir, wenn man mit der dargestellten Figur in den Raum des Bildes hineinschaut, hineingeht …

Worauf soll man bei Ihren Illustrationen besonders achten?
Ich hoffe, die Bilder verleiten einfach dazu, sich in diese Geschichte hineinzubegeben und sie mit Sam mitzuerleben. Ich hoffe, dass die Atmosphäre stimmt und das Gefühl.

Wenn Schüler eigene Bilder zu „Sams Wal“ malen wollen, können Sie Ihnen vielleicht einen Tipp geben?
Sich Zeit lassen. Genau hinschauen. Das Bild ernst nehmen. Das malen, was einem das Herz sagt. Malen ist eines der schönsten Dinge, die man tun kann. Ich hatte in der Schule viele Jahre lang richtig schlechte Noten im Malen – und bin trotzdem später Maler geworden.

Herr Buchholz, ich danke Ihnen für dieses Interview.

Tauscht euch darüber aus, welche Informationen ihr besonders wichtig oder interessant findet.

Welche Fragen würdest du dem Illustrator stellen? Schreibe auf.

____

____

____

____

____

Wähle ein Bild aus der Lektüre und male es auf deine Art auf ein Blatt.

Ich habe das Bild von Seite _____ ausgewählt.

Ein Schattentheater gestalten

Ihr braucht:

- festes Papier
- Schere
- Holzstäbchen
- Klebeband
- Overheadprojektor

So geht's:

1. Übertragt die Vorlagen des Wals und der Welle auf festes Papier und schneidet sie aus.
2. Klebt jeweils ein Holzstäbchen auf die Rückseite der beiden Teile. Damit könnt ihr sie beim Spielen bewegen.
3. Zwei Schüler bewegen den Wal und die Wellen auf dem Overheadprojektor. Sie spielen die Handlung des letzten Kapitels nach, die auf der Wand als Schattenbild sichtbar wird.
4. Zwei weitere Schüler übernehmen die Rollen von Sam und Angus. Diese beiden Figuren sind nicht im Schattenbild sichtbar, sondern begleiten die Szene durch ihre Stimme.

Tipp: Überlegt und formuliert vorher, was Sam und Angus im Verlauf der Rettungsaktion zueinander sagen. Achtet dabei nicht nur auf den Inhalt der Äußerungen, sondern auch darauf, wie eure Stimmen in dieser Situation klingen müssen.

Viel Erfolg bei eurer Aufführung!

✂

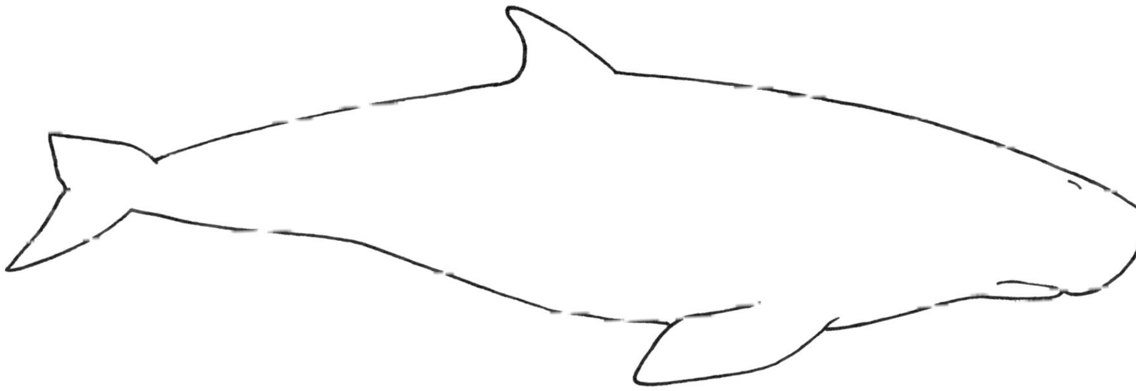

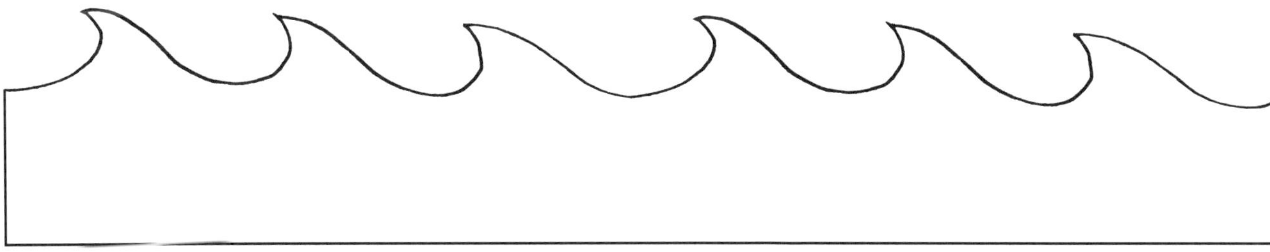

Name:

lesen schreiben malen/basteln rätseln Bilder betrachten recherchieren

Gestrandete Wale

Hier haben sich Teile eines Sachtextes und „Sams Wal“ miteinander verflochten.

Trenne beide Texte voneinander. Schneide dazu die betreffenden Textteile aus und klebe sie zu zwei neuen Texten zusammen.

Oft erfährt man aus den Medien, dass Wale oder ganze Walherden an einer Küste gestrandet sind. Da Wale ihrem Leittier folgen, stranden sie oft in Gruppen. Er stellte sich vor, wie der Wal in der Nacht gestrandet war. Wie er immer weiter auf den Strand gespült worden war. Wie einsam und verlassen musste er sich da gefühlt haben. Winde und Wasserströmungen können die Ursache für die Strandung sein. Aber auch der Schiffslärm, der in die Tiefen der Ozeane dringt, stört die Orientierung der Wale. Wenn die Tiere in flaches Wasser geraten, können sie bei Ebbe nicht mehr ins offene Meer zurückkehren. Sie stemmten sich mit Schultern, Armen und Knien gegen das Gewicht des Wals. Sie keuchten und drückten, als die großen Wellen jetzt hereinbrachen. Mit aneinander gelegten Händen schöpfte er Wasser und ließ es über den Walkörper tröpfeln. Helfer von Tierschutzorganisationen bemühen sich um die Rettung der Tiere. Vor allem kleinere Wale können mit dem ansteigenden Wasser bei Flut wieder ins offene Meer gezogen werden. Er riss eine Hand voll Seetang aus und breitete ihn über den Rücken des Wals. Immerhin wurden so ein paar Stellen der Haut vor der brennenden Sonne geschützt. Vorher ist es jedoch notwendig, die Tiere mit Wasser abzukühlen und ihre Haut vor dem Austrocknen zu schützen. Auch die Kontaktaufnahme durch Zureden und Streicheln kann, so wird berichtet, die Tiere beruhigen. Er bewegte sich langsam dabei und sprach leise und beruhigend auf den Wal ein.
„Nur keine Angst … ich mache das hier nur fest …“

Welchen Zusammenhang erkennst du zwischen beiden Texten? Überlege, wie die Autorin beim Schreiben ihres Buches wohl vorgegangen ist.

Name:

lesen **schreiben** malen/basteln rätseln Bilder betrachten recherchieren

Ein Blick zurück

Die Rettung des gestrandeten Wals ist mit viel Anstrengung erfolgreich verlaufen.

Einen Brief schreiben

Versetze dich in Sams Lage und schreibe einen Brief an einen Freund, eine Freundin oder einen Verwandten. Schreibe auf ein Blatt.

Liebe ...,
ich muss dir ...

Überlege: Wie hast du dich in der Situation gefühlt? Was hätte schiefgehen können? Was hat dazu beigetragen, dass der Wal gerettet werden konnte? Mit welchen Gefühlen blickst du auf das Erlebnis zurück?

Einen Artikel für die Schülerzeitung schreiben

Sam erzählt dir von seinem Erlebnis. Du möchtest, dass viele Leute von der Rettungsaktion erfahren. Deshalb schreibst du einen Bericht für die Schülerzeitung. Verfasse den Zeitungsartikel.

Überlege: Was wollen die Leser über den gestrandeten Wal wissen? Was über Sam und die Rettungsaktion?

Name:

Wal-Gedicht

Der Wal

Wer kann sich mit ihm messen?
Wer?
Wie tausend Männer
schwer ist er.

Josef Guggenmos

Josef Guggenmos: Der Wal, aus: Groß ist die Welt. Weinheim 2006.

Antworte den Versen des Gedichts mit deinen Worten. Schreibe in die Sprechblase.

Denke über den Zusammenhang zwischen der Lektüre und dem Gedicht nach. Entscheide und setze folgenden Satz fort.

Das Gedicht „Der Wal" passt/passt nicht zu dem Buch „Sams Wal", weil ...

Kommentierte Literaturliste

Fiktionale Texte

- Scholes, Katherine: Sams Wal. Ravensburg: Ravensburger Buchverlag 1990.
- Henke, Carola (Hg.): Haie, Wale und Delfine. Eine Geschichtensammlung. Ravensburg: Ravensburger Buchverlag 2001.
  Neben Texten bekannter Autoren wie Rudyard Kipling, Gottfried August Bürger oder Herman Melville finden sich in diesem Band ein Auszug aus der Bibel (Jona), Gedichte von Christian Morgenstern und Erich Fried sowie Textauszüge aus Kinder- und Jugendbüchern (u. a. von Katherine Scholes, Frederica de Cesco, Nina Rauprich).
- Melville, Herman: Moby Dick. Garching b. München: Hase und Igel Verlag 2010.

Gedicht

Guggenmos, Josef: Der Wal. In: Josef Guggenmos: Groß ist die Welt. Die schönsten Gedichte. Weinheim: Beltz 2006.

Kindersachbücher

- Dolder, Ursula: Ich bin ein Wal. Zürich: Silva 1994.
  Erzählendes Sachbuch. Ein junger Pottwal erzählt aus der Kinderstube und beschreibt aus seiner Sicht das Leben der Wale. Im zweiten Kapitel geht es um Wissenswertes zum Thema „Wale“, das dritte Kapitel befasst sich mit dem Verhältnis zwischen Walen und Menschen. Am Schluss werden einige wichtige Walarten beschrieben. Das Buch bietet außerdem großformatige Fotos aus interessanten Perspektiven.
- Das große Buch der Sachgeschichten. Alles über Dinosaurier, Wale, Delfine, Pferde und Katzen. Würzburg: Arena 2001.
  Auf 25 bunt illustrierten Seiten werden in kurzen, verständlichen Texten, die in kleine Abschnitte gegliedert und in einer für Leseanfänger geeigneten großen Schrift abgedruckt sind, die Besonderheiten der Meeressäuger beschrieben: Arten, Wanderung, Geburt und Aufzucht, Verhalten, Gefahren. Das Kapitel über Wale und Delfine endet mit einem eindrücklichen Appell: Schützt die Wale!
- Knight, Linsay: Alles was ich wissen will. Säugetiere. Ravensburg: Ravensburger Buchverlag 2002.
  Eine großformatige Doppelseite ist dem Kapitel „Wale und Delfine“ gewidmet. Neben einem einführenden Text sind sechs Walarten abgebildet, die kurz beschrieben werden. Unter dem Titel „Walgeschichten“ (Infobox) findet der Leser einige Kurzinformationen in Zahlen.
- Sarano, François/Durand, Stéphane: Unsere Ozeane. München: Knesebeck 2010.
  Das großformatige Kindersachbuch nach dem gleichnamigen Film von Jaques Perrin und Jaques Cluzand, der 2010 in den deutschen Kinos lief, dokumentiert die Vorgänge eines Filmdrehs im Meer und beschreibt unterschiedliche Meerestiere. Den Drehaufnahmen der Buckelwale sind zwei Doppelseiten gewidmet. Die Lektüre dieses Sachbuchs (48 Seiten) eignet sich für weiterführendes und medienintegratives Arbeiten zum Thema „Unterwasserwelt“.
- Thörner, Cordula/Napp, Daniel: Wale und Delfine. EMiL. Ein Sach- und Mitmachbuch. Hamburg: Carlsen 2005.
  Ein bunt gestaltetes Mitmachheft mit 24 Seiten zum interaktiven Lesen und Lernen. Es bietet kurze Texte in Infoboxen mit Fragen in Quizform, Bilder-, Gitter- und Kreuzworträtseln, Rechenaufgaben und Wortspielen. Ein kurzweiliger Lese- und Rätselspaß ohne vertiefende Zusammenhänge.
- Wale und Delphine. Ravensburger Kinderbibliothek. Ravensburg: Ravensburger Buchverlag 2003.
  Dieses Buch präsentiert auf 32 kleinformatigen Seiten kurze und einfache Texte in großer Schrift, die Illustrationen und ihre Erklärungen zielen gleichermaßen auf Einfachheit ab. Besondere Informationen („Schon gewusst?“) werden durch farbige Kästen hervorgehoben. Zur guten Lesbarkeit und Übersichtlichkeit tragen eine Liste mit Worterklärungen und ein Register bei.
- Der Wal und andere Meerestiere. Meyers kleine Kinderbibliothek. Mannheim: Bibliographisches Institut 2007.
  Die Sachbilderbücher dieser Reihe eignen sich zum Vorlesen und Anschauen schon für Kleinkinder. Die kurzen Texte auf jeder Seite bestehen meist nur aus einem Satz. Dennoch enthält das kleinformatige Buch interessante Basisinformationen, die auch älteren Kindern Wissenserwerb ermöglichen. Insbesondere die transparenten Overlay Folien, die z. B. den Körperbau des Wals von innen zeigen oder Bewegungen veranschaulichen, tragen zur Motivation bei und kommen leseschwachen Schülern entgegen. Schon beim Betrachten und Umblättern können bestimmte Aspekte erforscht werden, die dann beim Lesen komplexerer Texte als Vorwissen zur Verfügung stehen.
- Zeevaert, Sigrid: Sigrid Zeevaert erzählt von den Walen. Hamburg: Oetinger 1991.
  Erzählendes Sachbuch mit bunten Illustrationen über eine Gruppe von Finnwalen, die in den Süden zieht und dabei Buckelwalen, Pottwalen, Delfinen und Schwertwalen begegnet. Das Leben der Meeressäuger wird in seinen Besonderheiten und Gefährdungen anschaulich und mit viel Atmosphäre geschildert.

Kommentierte Literaturliste

Fachdidaktische Literatur

- Abraham, Ulf / Launer, Christoph (Hg.): Weltwissen erlesen. Literarisches Lernen im fächerverbindenden Unterricht. Baltmannsweiler: Schneider Verlag Hohengehren 2002.
- Bochow, Fedor: Quint Buchholz. In: Franz, Kurt / Lange, Günther / Payrhuber, Franz-Josef (Hg.): Kinder- und Jugendliteratur. Ein Lexikon. Meitingen: Corian Verlag 1995 ff., 11. Erg.-Lfg. 2001, S. 1–24.
- Dehn, Mechthild: Unsichtbare Bilder. Visual literacy als Aufgabe des Deutschunterrichts. In: Plath, Monika / Mannhaupt, Gerd (Hg.): Kinder – Lesen – Literatur. Analyse – Modelle – Konzepte. Baltmannsweiler: Schneider Verlag Hohengehren 2008, S. 1–31.
- Falk, Ulrich: Bleibt „Moby Dick" auf der Strecke? Ein fächerübergreifendes Projekt „Wale und Walfang" auf der Grundlage von Herman Melvilles Roman. In: Praxis Deutsch 1998. Sonderheft Leseförderung, S. 55–60.
- Haas, Gerhard: Das Tierbuch. In: Lange, Günther (Hg.): Taschenbuch der Kinder- und Jugendliteratur. Bd. 1. Baltmannsweiler: Schneider Verlag Hohengehren 2005, S. 287–307.
- Hollstein, Gudrun / Sonnenmoser, Marion: Werkstatt Bilderbuch. Allgemeine Grundlagen, Vorschläge und Materialien für den Unterricht in der Grundschule. Baltmannsweiler: Schneider Verlag Hohengehren 2006.
- Karst, Theodor / Vetter, Joachim: Natur und Literatur. Fächerverbindender Unterricht in der Grundschule. Baltmannsweiler: Schneider Verlag Hohengehren 1994.
- Lindenpütz, Dagmar: Das Kinderbuch als Medium ökologischer Bildung. Untersuchungen zur Konzeption von Natur und Umwelt in der erzählenden Kinderliteratur seit 1970. Essen: Verlag die blaue Eule 1999.
- Dies.: Natur und Umwelt als Thema der Kinder- und Jugendliteratur. In: Lange, Günther (Hg.): Taschenbuch der Kinder- und Jugendliteratur. Bd. 2. Baltmannsweiler: Schneider Verlag Hohengehren 2005, S. 727–745.
- Rosebrock, Cornelia / Nix, Daniel: Grundlagen der Lesedidaktik und der systematischen schulischen Leseförderung. Baltmannsweiler: Schneider Verlag Hohengehren 2008.
- Weber, Jochen: Bewertung von Sachbüchern für Kinder und Jugendliche. In: Beiträge Jugendliteratur und Medien. 15. Beiheft 2004, S. 75–81.

Ausgewählte Internetseiten für Schüler und Lehrer

- *www.blinde-kuh.de*
  Suchmaschine für Kinder
- *www.cetacea.de*
  Eine informative Seite mit zahlreichen weiterführenden Links über Wale und Delfine für erwachsene Nutzer.
- *www.cetacea.de/museum/orte.php*
  Museen und Ausstellungen, die Walskelette zeigen
- *www.geo.de/GEOlino*
  Über die GEOlino-Suche besteht Zugriff auf etliche Links, z. B. Wissenstest, Foto-Puzzle Walskelett, Waldialekte mit Audios, Artikel über Wale und Walfang. Sie enthalten zum Teil längere und komplexe Texte.
- *www.greenpeace4kids.de/themen/meere_wale*
  Kinderseite von Greenpeace mit aktuellen Berichten über Wale
- *www.kindernetz.de*
  Über die Suchmaschine besteht Zugriff auf kurze, leicht lesbare Artikel aus dem Kindernetz zu unterschiedlichen Themen über Wale, z. B. Wale in Gefahr, Wale brauchen Schutz (mit Audio-Bericht des SWR).
- *www.medienwerkstatt-online.de/lws_wissen*
  Die Wissensseiten der Medienwerkstatt sind kindgerecht und verfügen nur über geprüfte weiterführende Links auf Kinderseiten. Mit dem Stichwort „Wale" gelangt man bei der Kartensuche zu zahlreichen, im Unterricht einsetzbaren Wissenskarten, die mit kurzen und leicht verständlichen Texten Basisinformationen, Bilder und Audio-Dateien bereitstellen.
- *www.primolo.de*
  Primolo bietet Schülern die Möglichkeit, Internetseiten zu gestalten und zu veröffentlichen.
- *www.seitenstark.de*
  Zusammenschluss unabhängiger deutschsprachiger Kinderseiten zur Sicherung eines zielgruppenorientierten und qualitativ hochwertigen Informationsangebots
- *www.wale-delfine.de/bildergalerie/spermwhales*
  Große Bildergalerie zu Pottwalen
- *www.wasistwas.de*
  Informationen über Wale, z. B. die Strandung von Walen
- *www.wdcs.org/wdcskids/de*
  Ansprechende Kinderseite der Whale and Dolphin Conservation Society, einer Walschutzorganisation. Die Seite bietet zahlreiche Videos und Tonaufnahmen von Walrufen und Gesängen und interessante Vorschläge für Aktionen und Experimente sowie Unterrichtsmaterialien und Kontaktmöglichkeiten für Lehrer.
- *www.whalesong.info*
  Hier findet man Live-Streams und Sounds aus der Klangwelt der Buckelwale vor Hawaii sowie Videos.
- *www.wwf.de*
  Homepage des WWF Deutschland mit zahlreichen Links zu: Bartenwale und Zahnwale, Wie Wale tauchen, Warum Wale stranden, Walfang ist verboten, Was Wale heute bedroht, Walbeobachtungen und Informationen zur Internationalen Walfangkommission (IWC), Die zehn WWF-Forderungen an die Walfangnationen.